AF870946

El arte de disentir

Intelectuales y herejes en la Edad Media

Emilio Mitre

El arte de disentir

Intelectuales y herejes en la Edad Media

CÁTEDRA
HISTORIA/SERIE MENOR

1.ª edición: febrero de 2026

Diseño de cubierta: Germán Úcar

Ilustración de cubierta: *Moisés* (1441-1449), miniatura atribuida a Diebold Lauber, en el Antiguo Testamento, Inv. Nr/Signatur Cod. Pal. germ. 19, fol. 141v, Universitätbibliothek, Heidelberg

Reservados todos los derechos. El contenido de esta obra está protegido por la Ley, que establece penas de prisión y/o multas, además de las correspondientes indemnizaciones por daños y perjuicios, para quienes reprodujeren, plagiaren, distribuyeren o comunicaren públicamente, en todo o en parte, una obra literaria, artística o científica, o su transformación, interpretación o ejecución artística fijada en cualquier tipo de soporte o comunicada a través de cualquier medio, sin la preceptiva autorización.

PAPEL DE FIBRA
CERTIFICADA

© Emilio Mitre Fernández, 2026
© Ediciones Cátedra (Grupo Anaya, S. A.), 2026
Valentín Beato, 21. 28037 Madrid
Depósito legal: M. 22.508-2025
I.S.B.N.: 978-84-376-4970-2
Printed in Spain

Introducción

La obra que tiene el lector en sus manos se encuentra en una línea de trabajo que inicié hace medio siglo con un pequeño libro —casi un folleto[1]— publicado en una editorial mantenida por cristianos de base, entre los que figuraba un viejo compañero de la antigua Enseñanza Media: el catedrático de Filosofía Carlos Díaz. Posiblemente la juventud de entonces me hizo incurrir en una doble osadía no del todo entendible por las nuevas generaciones. Osadía por emprender un trabajo cuya publicación pudiera resultar *no recomendada* por el llamado Departamento de Ordenación Editorial del entonces Ministerio de Información y Turismo. (Fácil es captar el sentido eufemístico oculto tras estas expresiones). Y osadía por cuanto unos pocos años antes se habían publicado las actas de un extraordinario congreso internacional[2] a las que poco podía aportar un joven profesor español que se movía en un ambiente político, social y académico poco propicio a especulaciones intelectuales de cierta naturaleza.

Desde entonces hasta el presente, y con una sociedad española objeto de profundas transformaciones, han sido más de una veinte-

---

[1] E. Mitre, *Sociedad y herejía en el occidente medieval,* Madrid, 1972.

[2] J. Le Goff (coord.), *Hérésies et sociétés dans l'Europe pré-industrielle. 11-18 siècles,* París, 1968.

na de publicaciones, entre libros y artículos, las que han llevado mi firma, y en las que he tratado las discrepancias religiosas en las que el mundo intelectual del Medievo se vio sumido. He hecho la correspondiente relación en el apéndice a un libro en el que reuní un par de trabajos (artículos de cierta amplitud ya publicados en revistas especializadas) referentes a estas cuestiones[3]. De los últimos años han sido dos intervenciones[4] que servirán de importante apoyo a algunas de las páginas del presente libro.

Como bien es sabido, la Edad Media fue una época abundante en personajes (¿intelectuales?) situados en los límites del sistema establecido. Pocos ponen ya en duda que se tenían por sinceros cristianos ansiosos por transformar —a través de las pertinentes reformas— situaciones que consideraban imperfectas. Todos ellos estaban convencidos de la frecuencia con la que las autoridades traicionaban el mensaje de la primigenia fe. La Edad Media, ¿una época herética como con frecuencia se sostiene? Bien es conocido el trágico final de muchos de sus protagonistas. Y también lo es por lo general la *damnatio memoriae* a la que se les quiso condenar. Con un rotundo fracaso, habría que añadir.

Al calor del Concilio Vaticano II (1962-1965), por tomar un importante jalón dentro de la historia del cristianismo latino, los fieles de otras confesiones cristianas, tradicionalmente demonizados desde las posiciones más abruptamente católicas, pasaron a la consideración más suave de «hermanos separados». Representativas de cara a este cambio podrían ser algunas figuras. Recordemos dos a título de ejemplo. Enorme proyección tendría la del teólogo dominico Yves Congar, impulsor del ecumenismo y de la participación de los

---

[3] E. Mitre, *Los credos medievales y el espejo de la herejía,* colección «Temas históricos» promovida por la revista *Castellum,* Madrid, 2006.

[4] E. Mitre, «"Nam oportet et haereses esse" (1 Cor. 11-19). Para una conflictiva designación del *otro* religioso», conferencia pronunciada en el marco del XIII Seminario pluridisciplinar organizado por el extinto Departamento de Historia Medieval de la Universidad Complutense en torno al tema *La visión del otro en la Edad Media: el enemigo, el hereje, el diferente,* 6-8 de enero de 2018. Y «Mundo intelectual y disidencia religiosa en el Occidente medieval», en el marco del I Seminario sobre Cultura y Sociedad en la Edad Media, 7 de noviembre de 2018.

laicos en la vida de la Iglesia. En los últimos años de su vida (1994) sería ascendido al cardenalato como reconocimiento a un meritorio trabajo en pro del acercamiento entre las diversas tendencias del cristianismo y por la fijación de aquellas condiciones imprescindibles para una necesaria reforma eclesial[5]. Menos conocido para el gran público es otro teólogo, Louis Bouyer, de raíz familiar protestante, ingresado en la Iglesia católica en 1939 y miembro de la Congregación del Oratorio. En los años sesenta advirtió que el error del hereje era más o menos excusable a causa de la negligencia o pereza de unas autoridades poco proclives a reconocer y restaurar aquellas verdades por un momento olvidadas[6].

Hace casi un siglo el mayor medievalista de todos los tiempos, Henri Pirenne, sostuvo que la creación del Imperio Carolingio fue la réplica a la expansión islámica, de modo que la figura de Carlomagno sin Mahoma habría sido inexplicable[7]. Retorciendo este argumento, y trasvasándolo a la transición entre la Edad Media y la Moderna, podría decirse que, sin las figuras de Ockham, Wyclif o Hus, las de Lutero o Calvino habrían sido inimaginables. Desde hace ya muchos años, y sacudidos viejos prejuicios, estas conexiones son reconocidas desde las más diversas posiciones intelectuales[8]. Aunque pueda considerarse puramente anecdótica, significativa es la afirmación de Lutero pronunciada en 1520: «Todos somos husitas sin saberlo»[9]. En resumen: pocos ponen hoy día en duda la existencia de una cierta continuidad entre las corrientes intelectuales

---

[5] Capital será el título de Y. Congar *Vraie et fausse réforme dans l'Église,* París, 1950, objeto de diversas revisiones. Con posterioridad, sobre la base del capítulo 2 se editó *La reforma en la Iglesia. Criterios históricos y teológicos,* Salamanca, 2019.

[6] L. Bouyer, voz «Herejía», en *Diccionario de teología,* Barcelona, 1977, págs. 313-314.

[7] H. Pirenne, *Mahomet et Charlemagne,* París, 1970, pág. 174 (original de 1935 basado en un artículo titulado también «Mahomet et Charlemagne», aparecido en la *Revue belge de philologie et d'histoire,* 1922).

[8] A título de ejemplo, podemos remitir a un interesante trabajo del conocido autor católico de corte considerado tradicional R. García Villoslada, *Raíces históricas del luteranismo,* Madrid, 1969.

[9] Recogida por H. Kamen, *Los caminos de la tolerancia,* Madrid, 1967, pág. 58.

críticas e incluso «rupturistas» que se dieron a lo largo del Medievo y las decisivas que se produjeron a partir del Quinientos.

* * *

Según el axioma de Benedetto Croce, toda historia es historia contemporánea[10]. Por estar no tanto en los documentos como en la mente del historiador, que es quien los interpreta, la historia se elabora en buena medida de acuerdo con las inquietudes y problemas que interesan a este y a los de su generación. ¿Es por ello por lo que los medievalistas aplicamos a la época objeto de nuestra especialidad términos, convenciones o inquietudes que en principio solo parecerían adecuados para los tiempos presentes?

Personajes medidos en su momento por el común rasero del hereje se han visto favorecidos en el presente por su consideración de miembros de una comunidad —los intelectuales— con aspiraciones a ejercer una cierta libertad de pensamiento. El hereje podría ser asimismo definido como disidente, expresión de tardía aparición y desarrollo pero que se ha hecho un importante hueco en los círculos del medievalismo. Y ¿qué decir del mismo término «herejía»? Aparte de su negativa acepción —«ruptura»—, se le podría asignar la nada hiriente de «escuela filosófica». O ser considerada en distintas ocasiones una pura invención de sus oponentes intelectuales.

No hay que olvidar algo básico por puramente elemental: la existencia de debates académicos entre distintas posiciones doctrinales que se dieron desde fecha muy anterior al establecimiento del cristianismo como religión oficial del Imperio Romano. Debates que pueden alcanzar fuerte arraigo social y producir dolorosos desgarros. Algunos fueron cerrados con la imposición —por medio de los siete grandes concilios ecuménicos— de lo que se considera la recta opinión u ortodoxia. Un cierre que para algunos se consideraría en falso y que, para otros, desde un punto de vista más triunfalista, supondría la aplicación práctica del discutido pasaje de san Ma-

---

[10] B. Croce, *Teoría e historia de la historiografía,* Buenos Aires, 1955, pág. 12.

teo en referencia al primado de Pedro sobre la Iglesia: «Las puertas del infierno no prevalecerán contra ella» (Mt. 16, 18).

En resumen, y tal y como pretendemos en esta obra, ¿no sería posible presentar al Medievo, a través de sus herejías, como la época de las raíces de lo que hoy en día denominamos «disidencias»? De ahí que nos atrevamos a hablar de un Medievo siempre presente en nuestras vidas.

Obligado es cerrar estas páginas iniciales con una expresión de reconocimiento a la editorial Cátedra —y muy en especial a su antiguo editor Raúl García Bravo— por la buena acogida que han dado en los últimos años a algunas publicaciones de mi autoría.

Primera parte

Lo intelectual y el intelectual: perfiles aplicables al Medievo

Capítulo primero

Qué entender por intelectual

Al término «intelectual», derivación del latín *intellectus,* pueden dársele en el presente dos acepciones:

1) *Acepción adjetiva:* cubre lo relativo al pensamiento en la dimensión considerada más culta. En el sentido más clásico, sería la sustentada por grupos minoritarios defensores del buen gusto y de los grandes principios, frente a quienes optan —siguiendo criterios más consumistas— por una ampliación del marco cultural merced al uso de los medios de comunicación de masas[1].

Para una aproximación general a esa adjetivación y su alcance, podría resultar de utilidad el manejo de dos extensísimas obras del periodista y ensayista británico Peter Watson. Una, referida al pasado siglo, presentado no como el de grandes catástrofes padecidas por nuestro continente sino como un mundo de importantes avances en los campos científico y del pensamiento[2]. La otra abarca un

[1] Véase a este respecto el difundido libro de U. Eco *Apocalípticos e integrados,* Barcelona, 2013, págs. 57 y ss. (texto original de 1964, objeto de múltiples reediciones).

[2] P. Watson, *Historia intelectual del siglo* XX, Barcelona, 2002.

arco cronológico mucho mayor, ya que, dando protagonismo a la conformación de nuestro pensamiento, discurre entre los lejanos tiempos de la hominización y nuestros días[3].

Dada la orientación de nuestro libro, consideramos más conveniente hacer otras referencias: las que conciernen a tres autores franceses de nuestra época.

Paul Ricoeur, por ejemplo, cuando nos habla de su trabajo filosófico en primera persona, dice hacerlo «en diálogo milenario con las ciencias, ya lo sean humanas, ya de la naturaleza»[4]. Nos evoca para ello acontecimientos de su vida que puedan aclararlo. Echa mano, así, del primer curso de filosofía en 1929-1930 en donde se enfrentó, con diecisiete años, a una enseñanza en la que figuraban autores de los que ya tenía un conocimiento (desde los trágicos griegos hasta los oradores latinos, pasando por Pascal, Montesquieu y los «filósofos del siglo XVIII»), aunque este lo era desde un punto de vista puramente literario. Tocaba ahora captarlos desde «las razones profundas de su concepción de las cosas», desde sus razones, desde sus conflictos[5].

Con un afán más divulgativo y centrándose en la época medieval, resulta de interés remitirse a otros dos autores.

Philippe Wolff, cuya actividad y autoridad cubrieron buena parte del siglo XX, publicó una muy útil síntesis (primer volumen de una *Histoire de la pensée européenne)* que cubriría el pensamiento en Occidente hasta entrado el siglo XII. Quedaría marcado por tres significativas figuras: Alcuino de York, en tiempo de los carolingios; Gerberto de Aurillac, en el de los otónidas (el mítico Año Mil como importante referencia), y Pedro Abelardo, en lo que ha venido a denominarse «renacimiento del siglo XII» (cuestiones que abordaremos en páginas sucesivas). A entender del profesor Wolff, era una mirada al desarrollo del espíritu humano que, en definitiva, no sería más que uno[6].

---

[3] P. Watson, *Ideas. Historia intelectual de la humanidad,* Barcelona, 2006.

[4] P. Ricoeur, *Autobiografía intelectual,* Buenos Aires, 1997, pág. 64.

[5] *Ibíd.,* pág. 14.

[6] Ph. Wolff, *L'éveil intellectuel de l'Europe* (vol. I de *Histoire de la pensée européenne),* París, 1971, pág. 6.

Dedicada especialmente a alumnos universitarios sería la importante síntesis con afanes ensayísticos de Jacques Paul, que abarca desde el siglo IV hasta «la restauración de las letras en el Renacimiento propiamente dicho»[7]. Bajo al adjetivo «intelectual» se situarían muy vastos campos que no son solo los de las grandes obras, para las que bastaría simplemente la historia de la literatura[8]. Estaría también el mundo de la filosofía y la teología o «sacra doctrina», como se la suele denominar[9]. O el de los autores espirituales y místicos. O el de los grandes problemas religiosos que derivan en numerosas ocasiones en desgarros a los que comúnmente se definió como herejías y a los que hoy en día se opta por atribuírseles también otras dimensiones[10].

2) *Acepción sustantiva:* unos orígenes y un primer desarrollo. Estamos hablando de un término de relativamente cercana aparición y consagración. Pero cabría preguntarse también hasta qué punto resulta aplicable al mundo medieval sin incurrir en flagrante anacronismo.

De intelectual se tilda a una persona y, por derivación, a todo un colectivo de fronteras un tanto difusas. En su origen se situaría el vocablo alemán *intelligenz,* de mediados del XIX, o el término ruso *inteligenzia,* referido a una subcultura (estudiantes, escritores, profesionales liberales, etc.) opuesta al *establishment* inmovilista de burócratas, militares y jueces, soportes de la autocracia zarista. Una inteligencia que se desenvolvería entre dos extremos difícilmente conciliables: el de quienes invocaban desde el eslavismo las raíces de la Rusia histórica como tabla de salvación frente a tiempos turbulentos y el de quienes, por el contrario, aspiraban a una modernización del país a través de su occidentalización[11].

Algunos autores como Léon Bloy, en su obra *Le désespéré,* publicada en 1886, utilizan la expresión «grupo intelectual». Otros ensa-

---

[7] J. Paul, *Historia intelectual del Occidente medieval,* Madrid, 2002, pág. 587.

[8] *Ibíd.,* pág. 42.

[9] *Ibíd.,* pág. 234.

[10] *Ibíd.,* págs. 366 y ss.

[11] Cuestión tratada ampliamente en sus orígenes y derivaciones en O. Figes, *El baile de Natacha. Una historia cultural rusa,* Barcelona, 2010.

yistas harán uso del neologismo en relación con las vanguardias políticas y literarias. La edición del *Oxford English Dictionary* de 1888 utilizará también la expresión «intelectual» en su dimensión sustantiva[12].

Suele considerarse, sin embargo, que la figura del intelectual en el sentido más consagrado se dará a partir de la carta que Émile Zola dirige al presidente de la República francesa y que apareció en el diario *L'Aurore* («J'accuse...!») el 13 de enero de 1898[13].

En su escrito, el famoso novelista francés clamaba a causa de la injusticia cometida en 1894 contra el capitán Alfred Dreyfus, acusado de espionaje a favor de Alemania y condenado a una larga prisión en la penitenciaría de la Isla del Diablo en la Guayana francesa. En términos enérgicos, Zola denunciaba las irregularidades cometidas en el proceso tras advertir que no conocía personalmente a los jueces que prevaricaron y que no sentía personalmente odio alguno hacia ellos. Con todo, se sentía en la necesidad de proclamar:

> El acto que ahora ejecuto no es más que un medio revolucionario para acelerar la explosión de la verdad y de la justicia. Solo anhelo una cosa, y es que se haga la luz en nombre de la humani-

---

[12] Y el *Diccionario* de Roque Barcia admitirá la voz «intelectualidad» ya en 1879. A. Muñoz Alonso, «La influencia de los intelectuales en el 98 francés: el asunto Dreyfus», *Papeles de la Fundación,* núm. 46, Madrid, 1999, pág. 30.

[13] Y —valga el inciso— una fecha, por otros motivos y raíces —la pérdida de los últimos jirones de un viejo imperio ultramarino y los evidentes signos de desgaste del régimen de la Restauración canovista— de enormes resonancias en el panorama cultural español. Sobre el tema existe abundante literatura, dentro de la cual sigue siendo un clásico P. Laín Entralgo, *La generación del 98* (primera edición, Madrid, 1947). El convencionalismo del término «Noventa y Ocho» es tanto mayor por cuanto agrupa a autores de muy distintos credo y procedencia geográfica (con la especial atracción castellanista, se ha insistido) y de muy diversas evoluciones ideológicas con el discurrir de los años. Dos dramáticos y extremos ejemplos pueden servir de pauta, ambos en el marco de la Guerra Civil de 1936-1939: Ramiro de Maeztu, muerto en el verano de 1936 por presuntos agentes del gobierno del Frente Popular, y Antonio Machado, empujado al exilio en Francia por el avance en Cataluña de las fuerzas del general Franco y muerto en Colliure en 1939.

> dad que tanto ha sufrido y que tiene derecho a la felicidad. Mi ardiente protesta no es sino un grito que me surge del alma[14].

Que el acusado fuera judío y miembro de un cuerpo de élite —el Estado Mayor— contribuyó a enconar la disputa entre *dreyfusards* y *antidreyfusards* que, por unos momentos, pareció poner en peligro la propia seguridad del Estado francés. La revisión del proceso y la rehabilitación del oficial se considerarían un éxito de los defensores de la República frente a la arremetida de la reacción[15].

Al calor de esta controversia, se dio un importante paso para perfilar la figura del «intelectual comprometido», cuya misión sería la de mover conciencias, erigiéndose en defensor de valores universales[16]. En términos orteguianos, los intelectuales constituirían una élite «destinada a dar una dirección a las informes aspiraciones populares»[17]. Los intelectuales habían de caracterizarse por intervenir en «asuntos públicos sensibles, invocando la especial autoridad de su prestigio académico»[18]. Lo que los llevaría en más de una ocasión a ir contra corriente de los sistemas de valores establecidos y a formar parte, en consecuencia, del mundo de los definidos como disidentes. Cuestión que, aplicada al mundo actual y, retrospectivamente, al del pasado medieval, abordaremos más adelante.

---

[14] É. Zola, *Yo acuso. La verdad en marcha,* Barcelona, 2004, págs. 97-98 (se recoge en este pequeño libro el dosier completo del caso y la polémica despertada en la sociedad francesa).

[15] Un triunfo, en último término, de la ola revolucionaria iniciada en 1789. La simbiosis —fundada en la «regeneración moral y psíquica» de los judíos de Francia que entraban dentro de *la* nación— no se reprodujo en otros países como Alemania, en donde algunas instituciones importantes como el ejército y la universidad llegarían a ser bastiones del movimiento antisemita. E. Traverso, *Los judíos y Alemania. Ensayos sobre la simbiosis judío-alemana,* Valencia, 2005, pág. 57.

[16] Útiles visiones sobre el papel del intelectual en la Europa occidental en C. Charle, *Los intelectuales del siglo* XIX. *Precursores del pensamiento moderno,* Madrid, 2000. O. M. Winock, *El siglo de los intelectuales,* Barcelona, 2010.

[17] Recogido por J. Varela, *La novela de España. Los intelectuales y el problema español,* Madrid, 1999, pág. 210.

[18] T. Judt, *El refugio de la memoria,* Madrid, 2010, pág. 125.

Más allá de la convencional solemnización de una figura: algunos ejemplos para el mundo hispánico más allá del noventayochismo

Junto a una visión un tanto apreciativa de lo que era y significaba el intelectual, se abriría paso otra situada en posición cuando menos escéptica: la que hablaba de la *traición* del intelectual; el *clerc,* en expresión de J. Benda en una obra de significativo título[19].

Esta apareció un año antes que el conocido ensayo de José Ortega y Gasset repetidamente reeditado y que tanto impacto habrá de tener en la vida cultural y en la sociedad españolas en general. Más que de traición del intelectual a unos ideales, Ortega nos habla de escepticismo hacia el papel de guía que puedan desempeñar las élites culturales, un sentimiento que manifestaba en repetidas ocasiones. Un pasaje puede resultar particularmente llamativo:

> La muchedumbre de pronto se ha hecho visible, se ha instalado en los lugares preferentes de la sociedad. Antes, si existía, pasaba inadvertida y ocupaba el fondo del escenario social; ahora se ha adelantado a las baterías, es ella el personaje principal. Ya no hay protagonistas: solo hay coro[20].

Otras consideraciones, como la de situar al mismo nivel («pseudoalboradas») los movimientos bolchevique y fascista, mucho darán que pensar[21]. La influencia del personaje que pudiera definirse como intelectual quedaba así considerablemente desvaída.

Otro de nuestros grandes autores, el extraordinario historiador y pertinaz polemista Claudio Sánchez-Albornoz, trazaría una imagen del intelectual —tomando la figura de Manuel Azaña— no tanto como traidor a una noble causa sino más bien como presa de contradicciones: «gusto por las bellas obras de la pluma o del pincel

---

[19] J. Benda, *La trahison des clercs,* París, 1927.

[20] J. Ortega y Gasset, *La rebelión de las masas,* 15.ª ed., Madrid, 1961, pág. 37.

[21] *Ibíd.,* pág. 88.

y flaqueza de la voluntad por la vacilación que la meditación espiritual acarrea»[22].

Y, moviéndonos en el mismo ámbito territorial, ¿qué decir del intelectual español más destacado —o más polémico, si se prefiere— de la época que le tocó vivir: el notabilísimo pensador y ensayista Miguel de Unamuno (Bilbao, 1864-Salamanca, 1936)? Será mucho más que esa figura señera «especie de protagonista máximo del 98»[23]. Personaje insobornable y contradictorio, experimentó, al hilo de su permanente heterodoxia y de su espíritu dubitativo —¿un cristiano *malgré lui* en permanente *agonía*?[24]—, una progresiva evolución en su forma de pensar y de actuar. Un modo de ser y de existir que especialmente le torturará en los últimos días de su vida, trágicos tanto para él como para el devenir de su patria, enzarzada en un cruel enfrentamiento civil. Un tiempo, en definitiva, de «epidemia histérica» que hacía harto problemático *convence*r al otro con los debidos razonamientos frente al simple *vence*r de la fuerza bruta[25].

Desde y tras dos guerras generales: otros desafíos y otras formas de ser intelectual

La *traición* del intelectual a unos principios superiores —más allá de la simple dejación de una misión— se daría al caer en la sinrazón y claudicar de esa vocación crítica que se daba por supuesto que le correspondía. Como hemos adelantado, algunos síntomas en

---

[22] C. Sánchez-Albornoz, *Mi testamento histórico-político,* Barcelona, 1975, pág. 55.

[23] J. L. Abellán y L. Martínez Gómez, *El pensamiento español, de Séneca a Zubiri,* Madrid, 1977, pág. 362 (observación que corresponde a la parte del libro redactada por el primero de los autores).

[24] El cristianismo desde san Pablo «no fue doctrina, aunque se expresara dialécticamente; fue vida, fue lucha, fue agonía», en M. de Unamuno, *La agonía del cristianismo,* Buenos Aires, 1966, pág. 30 (la edición original data de Salamanca, 1930, y se basa en el escrito realizado en París en 1924).

[25] Cfr. los apuntes recogidos en los momentos postreros de su vida, M. de Unamuno, *El resentimiento trágico de la vida,* unas reflexiones editadas por C. y J.-C. Rabate, Valencia, 2019. Suponen un complemento a la biografía que estos dos autores han publicado sobre el pensador español.

este sentido se produjeron ya en fecha próxima al «J'accuse...!» en la propia Francia. Fueron las tempranas corrientes de opinión conservadora, que ponían en tela de juicio la inocencia del oficial. Y, sobre todo, será el avance de la muy potente Action Française, con la relevante figura de Charles Maurras y su «nacionalismo integral», síntesis de nacionalismo y tradicionalismo[26]. A ello se unirían una extendida ansia de revancha por la humillación sufrida en 1870 tras la guerra franco-prusiana (¡la entrega de Alsacia y Lorena al Reich germano!)[27] y una serie de escándalos financieros que dificultaron notablemente los primeros pasos de la Tercera República: el *affaire* del canal de Panamá o las cesiones en política colonial. Notable en este último caso sería la claudicación francesa en 1898 en el llamado «incidente de Fachoda», en Sudán (¡otro 98, y no español!), al ceder el gobierno de París ante el de Londres en cuanto a política expansiva en el curso del Nilo[28].

Para el conjunto de Europa, la extensión de ese supuesto espíritu de compromiso del intelectual —defensa de la justicia, la libertad y la razón— se vería asimismo seriamente comprometida por sentimientos fuertemente nacionalistas que prendieron en medios académicos de distintos países puestos en pie de guerra en el verano-otoño de 1914. Significativa sería la manifestación institucional que tuvo lugar en Centroeuropa (con las honrosas excepciones de Karl Kraus

---

[26] Sobre este personaje, su obra y su influencia en la sociedad francesa, véase J. Giocanti, *Maurras. El caos y el orden,* Barcelona, 2010.

[27] Una grave amputación del territorio nacional difícilmente tolerada por la opinión pública francesa. Algunos políticos españoles la comparaban con el drama que estaba suponiendo la posible pérdida inmediata de las últimas posesiones ultramarinas. En 1897, en vísperas del «desastre» por antonomasia, Cánovas afirmaba que «Cuba es la Alsacia-Lorena de España, el honor de España está en juego». Recogido por A. Muñoz Alonso, «La influencia de los intelectuales en el 98 francés: El asunto Dreyfus», art. cit., pág. 11.

[28] Con tintes menos dramáticos sobre el incidente (al fin y al cabo, es una descripción desde el lado ganador en una disputa en la que no llegó a correr la sangre) se pronunciará W. Churchill en su *La guerra del Nilo. La reconquista del Sudán,* Madrid, 2003, págs. 219-229. El entonces corresponsal de guerra y con el tiempo primer ministro del Reino Unido habla incluso de «un gran entendimiento, casi cordialidad», un «educado antagonismo», entre los soldados franceses del capitán Marchand y los del *sirdar* británico general Kitchener.

o Walter Benjamin) suscrita por profesores universitarios el 16 de agosto de 1914: se consideraba que la libertad de Alemania y la defensa de la paz y de la civilización estaban supeditadas a la victoria de los ejércitos del káiser[29]. Extremo resulta el caso del que años más tarde sería premio Nobel de Literatura Thomas Mann, quien escribiría: «¡Guerra! Fue purificación, fue liberación lo que sentimos y una inmensa esperanza. De ello hablaron los poetas, solo de ello»[30].

* * *

Las dos grandes guerras mundiales subvirtieron el mapa político internacional y sacudieron (y demolieron) la confianza en los fundamentos de la considerada sociedad civilizada; aquella identificada con el acervo político, social, cultural y tecnológico acumulado en Europa y en su prolongación al otro lado del Atlántico. Un optimismo frente al que cabrían serias dudas, según han manifestado autores de brillantes obras muy poco complacientes a la hora de juzgar la situación previa al estallido de 1914[31]. Las conmocio-

---

[29] A. Kovacsics, *Guerra y lenguaje,* Barcelona, 2007, págs. 67 y ss. Otras excepciones las protagonizarían, por ejemplo, el teórico del socialismo francés J. Jaurès, opuesto a la guerra, y asesinado en los inicios del conflicto, o Lenin, radicalmente en contra desde su exilio suizo a que las secciones nacionales de la Internacional Socialista dieran su aval proguerra a los diferentes gobiernos enfrentados. M. Ferro, *La gran guerra,* Madrid, 1970, págs. 76-81.

[30] A. Kovacsics, *Guerra y lenguaje, op. cit.,* pág. 117.

[31] Citemos tres ejemplos que nos resultan particularmente atractivos. B. Tuchmann, *Los cañones de agosto. Treinta y un días de 1914 que cambiaron el mundo,* Barcelona, 2004, en donde la muerte del rey inglés Eduardo VII sirve de prólogo a lo que serán unas asfixiantes tiranteces entre las potencias europeas que derivarán en el magnicidio de Sarajevo como prólogo al enfrentamiento generalizado que conocemos como Gran Guerra o como Primera Guerra Mundial (o como Primera Guerra Imperialista en la jerga del comunismo más ortodoxo). Ch. Clark, *Sonámbulos. Cómo Europa fue a la guerra en 1914,* Barcelona, 2014, en donde se analizan en detalle las insensateces de los políticos europeos que condujeron al desastre. Y Ph. Blom, *Años de vértigo. Cultura y cambio en Occidente 1900-1914,* Barcelona, 2010, brillante ensayo en el que se da cuenta de la situación política, el desarrollo económico, los cambios tecnológicos y las auténticas neurosis que hicieron presa de una sociedad empujada a una guerra suicida.

nes revolucionarias que pocos años después sacudieron buena parte del Viejo Mundo y cuyo primer gran éxito se daría con la caída del carcomido imperio zarista[32] impusieron una seria revisión de la figura del intelectual, para la que se exploraron nuevas dimensiones críticas.

En los años siguientes a la hecatombe de la Gran Guerra, el impulsor del partido comunista en Italia Antonio Gramsci popularizaría una variante de intelectual («orgánico» en este caso) sustentador y justificador de determinados intereses sociales y no su cuestionador. Un papel que desempeñarían destacados autores como Benedetto Croce, quienes, lejos de denunciar las injusticias sociales, se convertían en justificadores de las grandes corporaciones industriales: las de los Agnelli o los Beni. Papel «orgánico» similar al que ejerció el clero en la Edad Media en relación con la aristocracia de la tierra a la que jurídicamente era equiparado[33].

La pluralidad de situaciones —mundo rural, mundo urbano— crea ciertos matices en la caracterización del intelectual.

Los intelectuales de tipo urbano se encuentran enlazados a la industria y unidos a su suerte. Su tarea puede compararse con la de los oficiales subalternos del ejército. Carecen de iniciativa autónoma y, por lo general, están en situación muy uniforme: el resto se confunde cada vez más con el Estado Mayor industrial.

Los intelectuales tipo rural son en su mayoría «tradicionales», ligados a la población campesina y a la pequeña burguesía de las ciudades (particularmente de las pequeñas). En la campiña, el intelectual —ya sea sacerdote, abogado, maestro, notario o médico— goza de un nivel de vida diferente, en cuanto superior, al del aldeano

---

[32] Sobre el proceso abierto en 1917 es muy recomendado entre otros trabajos el de O. Figes, *La revolución rusa. 1891-1924. La tragedia de un pueblo,* Barcelona, 2010.

[33] A. Gramsci, *La formación de los intelectuales,* México, 1968, págs. 23-27. En una línea similar se manifestará desde una rígida óptica marxista P. Vilar, *Iniciación al vocabulario del análisis histórico,* Barcelona, 1980, pág. 114, para quien clero y nobleza son dos superestructuras minoritarias —ideológica y política, que es tanto como decir sacerdotes y guerreros— que se imponen a una masa de *laboratores* que alimenta a toda la sociedad. Sobre esa tripartición funcional es bien conocida la obra maestra de G. Duby *Les trois ordres ou l'imaginaire du féodalisme,* París, 1978.

medio, razón por la cual representa el modelo social en la aspiración aldeana a salir de su condición, mejorándola[34].

Por los mismos años, la entonces joven pensadora española y en principio discípula de Ortega y Gasset María Zambrano (1904-1996) daría también su personal visión del intelectual. Alejándose de su identificación con los viejos clichés elitistas, lo definiría ante todo por su compromiso con las causas más avanzadas de la sociedad[35]. De ahí su ardiente defensa de los revolucionarios de Asturias de 1934 y, sobre todo, de la resistencia popular surgida en 1936 frente al golpe de Estado iniciado en las guarniciones del protectorado marroquí. El intelectual verdadero, según nuestra autora, no es el inserto en un medio burgués alejado de la realidad, sino aquel que renuncia a la «alevosa e hipócrita libertad burguesa para servir a la auténtica libertad humana»[36]. Algo que, de forma militante, se expresaría en publicaciones como *El Mono Azul* y *Hora de España* y en organizaciones como la Alianza de Intelectuales Antifascistas[37].

* * *

El desarrollo de los movimientos totalitarios de diverso signo en los años veinte y treinta —comunismo-bolchevismo, nazismo-fascismo— y la tremenda hecatombe que supuso la Segunda Guerra Mundial —batallas gigantescas, arrasamiento de ciudades, decenas de millones de muertos, particularmente entre la población civil, persecución a muerte de minorías raciales o religiosas, con especial incidencia en el mundo judío, desplazamiento masivo de poblaciones, crecimiento desbocado de la delincuencia común[38]— agitaron numerosas conciencias.

---

[34] A. Gramsci, *La formación de los intelectuales, op. cit.*, págs. 32-33.

[35] Véase la recapitulación de trabajos de M. Zambrano, *Los intelectuales en el drama de España y escritos de la guerra civil* (presentación de Jesús Moreno Sanz), Madrid, 1998.

[36] M. Zambrano, «La libertad del intelectual», *ibíd.*, págs. 131-132.

[37] M. Zambrano, «El intelectual en la guerra de España», *ibíd.*, págs. 110 y ss.

[38] De entre la multitud de publicaciones en torno a la inmediata posguerra podemos destacar el ensayo de K. Lowe *Continente salvaje. Europa después de la Segunda Guerra Mundial*, Barcelona, 2012.

Algunos casos referidos al ámbito cultural germánico

Todo un modelo de judía alemana integrada y sionista crítica lo representaría Hannah Arendt. Discípula de Karl Jaspers y Martin Heidegger (considerado este último el filósofo más grande del siglo XX, pero de iniciales simpatías por el hitlerismo en una especie de *trahison du clerc)*[39], Arendt se exiliaría de Alemania a Francia y de aquí a Estados Unidos. Nos legaría una importantísima producción en la que manifestó insobornable independencia de criterio y se definió, más que como filósofa, como teórica de la política[40]. Por citar dos ejemplos: su monumental estudio sobre los orígenes del totalitarismo[41] y su brillante reportaje-ensayo a propósito de los mecanismos que pusieron en marcha la tragedia del Holocausto[42]... y que en el fondo manifestaban lo que era la *banalidad del mal*.

Interesante sería también el caso de otro autor alemán coetáneo y de muy distinta trayectoria intelectual: el medievalista Ernst Kantorowicz (1895-1963). Judío asimilado y ferviente nacionalista —voluntario y condecorado en la Gran Guerra; militante de los

---

[39] Traición mucho más escandalosa en sectores alemanes de la más alta intelectualidad, como la representada por Martin Heidegger o Carl Schmitt, fascinados por el fulgor totalitario del nazismo y la orientación mesiánica de sus proclamas (véase M. Lilla, *Pensadores temerarios. Los intelectuales en la política,* Barcelona, 2004). O por unos intelectuales *lato sensu,* entre ellos periodistas, psicólogos, historiadores e investigadores, muchos de los cuales eran jóvenes profesores universitarios que, por desviados ideales o descarado oportunismo, colaboraron con la aberración nacionalsocialista. Véase el ensayo de Ch. Ingrao *Creer y destruir. Los intelectuales en la máquina de guerra de las SS,* Barcelona, 2017.

[40] Véase para ello, entre otras biografías, la reciente de L. Audler *Hannah Arendt, una biografía,* Barcelona, 2019. Periódicamente se produce la reedición de algunos trabajos suyos cuya lectura es extraordinariamente útil. Cfr. *La pluralidad del mundo,* Madrid, 2019.

[41] H. Arendt, *Los orígenes del totalitarismo,* 3 vols., Madrid, 2006 (original en inglés de 1951).

[42] H. Arendt, *Eichmann en Jerusalén,* Barcelona, 2004 (original de 1963 posteriormente corregido y aumentado).

cuerpos francos contra el espartaquismo—, optaría también, tras la «noche de los cristales rotos» de 1938, por el exilio en los Estados Unidos, donde proseguiría una exitosa carrera[43].

Especialmente llamativo es igualmente el caso de Karl Jaspers (1883-1969), psicólogo, psiquiatra y autor de una sugestiva teoría de la historia en la que acuñó la expresión «tiempo eje»: una larga etapa (entre el 800 y el 200 a.C.) en que se producen extraordinarias coincidencias culturales-espirituales en un amplio espacio entre China y el Egeo[44]. No judío, pero si esposo de judía, a la que se negó a abandonar pese a las presiones recibidas, Jaspers buscó la cercanía de Suiza a la espera del fin de la horrenda experiencia nacionalsocialista. Tras 1945, redactó dos pequeñas obras de extraordinario valor. En una analizaba los grados de culpa del pueblo alemán (penal, moral, política y metafísica) y animaba a sus compatriotas a rechazar cualquier experiencia totalitaria alejada de la razón y que indefectiblemente conducía al desastre[45]. En la otra se recogía el contenido de una conferencia pronunciada en 1956 que era una llamada dramática a la sociedad mundial ante lo que podría ser una catástrofe nuclear[46]. Hasta el final de sus días, Karl Jaspers se comportaría, así, como la figura deseable del intelectual comprometido. La combinación Auschwitz-Hiroshima, por ejemplo, aparecerá de forma recurrente como la «doble amenaza existencial que acechaba en el futuro a la civilización mundial»[47].

---

[43] Véase la biografía de este historiador a cargo del medievalista francés A. Boureau, *Histoires d'un historien. Kantorowicz,* París, 1990.

[44] K. Jaspers, *Origen y meta de la historia,* Madrid, 1965, págs. 19-21.

[45] K. Jaspers, *El problema de la culpa,* texto del curso impartido en Heidelberg entre 1945-1946 (precedido de un interesante prólogo de Ernesto Garzón), Barcelona, 1998.

[46] K. Jaspers, *La bomba atómica y el futuro del hombre,* ed. española de J. Aguirre, Madrid, 1966.

[47] Como complemento, muy interesante a este respecto, resulta la lectura de las páginas finales del libro de P. Fritsche *Vida y muerte en el Tercer Reich,* Barcelona, 2011, págs. 282 y ss.

Un muy ejemplar caso francés

En la Francia de entreguerras es obligado recordar otra figura de historiador de enorme talla intelectual: Marc Bloch (1886-1944). De raíces familiares judías, de las que nunca renegó, aunque pasase su vida como un no practicante de credo religioso alguno, Bloch actuó siempre como un consecuente ciudadano francés de la Tercera República, condecorado por su participación en la Gran Guerra. Profesor de Historia en 1919 en la recuperada ciudad de Estrasburgo, se convertiría en uno de los mayores medievalistas del siglo xx[48]. Junto a su compañero modernista Lucien Febvre fundaría la revista *Annales d'Histiore Économique et Sociale,* llamada a una profunda revolución de los estudios históricos. En ella se conjugaban el espíritu interdisciplinar de H. Berr, los enfoques sociales y económicos de H. Pirenne y las influencias del marxismo y las de notables geógrafos como Vidal de La Blache. Marc Bloch recogería agudas reflexiones sobre la labor del historiador en una obra titulada *Apologie pour l'Histoire ou Métier d'Historien*[49].

Enrolado de nuevo en el ejército al inicio de la Segunda Guerra Mundial, Bloch redactó amargas observaciones sobre la obsoleta estrategia del Estado Mayor francés frente a la invasión fulminante de la Wehrmacht en la primavera de 1940. Pese a ello, seguiría animando al francés —es decir, a «una persona civilizada»— a mantener vivo el ánimo propio de un «pueblo libre y noble»[50]. Tras el infamante estatus asignado por el gobierno colaboracionista de Vichy (noviembre de 1941) a los «israelitas de Francia»[51], nuestro hombre se

---

[48] Una buena biografía en O. Dumoulin, *Marc Bloch o el compromiso de historiador,* Granada, 2003.

[49] Versión en castellano: *Introducción a la historia,* México, 1979.

[50] M. Bloch, *La extraña derrota* (redactada en julio-septiembre de 1940), Barcelona, 2002.

[51] Véanse apéndices a *ibíd.,* págs. 241 y ss., especialmente su testamento, páginas 169-170, en donde recuerda que, pese a su agnosticismo, nunca renegó de su condición de judío de origen.

incorporaría activamente a la Resistencia francesa. Apresado, torturado y ejecutado por los nazis, Bloch reforzaría la imagen de mártir laico con la de intelectual comprometido hasta sus últimas consecuencias. Pero aún quedaría en su legado otro mensaje mucho más sencillo, pero del que se sentía profundamente orgulloso:

> Escribir sobre historia y enseñarla, ese es, desde hará pronto treinta y cuatro años, mi oficio. Me ha llevado a hojear muchos documentos de diversas edades, para separar lo mejor que he podido la verdad de la mentira; también me ha llevado a mirar y observar mucho. Pues siempre he creído que el primer deber de un historiador, como decía mi maestro Pirenne, es interesarse por la vida[52].

Un mensaje que tendría que hacer meditar a personas que, simplemente por su cuidada formación, están pagadas de una vacua superioridad.

De la Guerra Fría a ¿nuestros días? Un sumario (y provisional) repaso

Desde 1945 se mantendría durante largos años —no solo a nivel europeo, sino a escala auténticamente planetaria— una política de «Guerra Fría»[53] entre dos bloques irreconciliables: democracias parlamentarias de cuño liberal frente a las denominadas «democracias populares» de signo marxista. Un tercer bloque lo constituirían los «no alineados», especialmente constituido por países que acababan de acceder a la independencia política. Una situación potencialmente explosiva ante la que el mundo del pensamiento se mantuvo especialmente activo. En particular entre las posiciones genéricamente calificadas como progresistas, baluarte de causas como la lu-

---

[52] *Ibíd.*, pág. 29.

[53] Para los inicios de este periodo, interesa el trabajo no muy divulgado de H. Thomas, *Paz armada. Los comienzos de la guerra fría (1945-1946)*, Barcelona, 1988.

cha de clases y la política de descolonización, que dibujó, a escala planetaria, un nuevo mapa que alteró profundamente los viejos e inestables equilibrios geopolíticos. En ese contexto causaría fuerte impacto desde el influyente ámbito cultural francés la sonora ruptura entre algunas de sus respetadas figuras: la de Jean-Paul Sartre, y su compañera Simone de Beauvoir, frente a Albert Camus habría de adquirir especial resonancia[54]. Y la causaría también la publicación de algún llamativo ensayo, como el del antillano Frantz Fanon, donde denunciaba los abusos del colonialismo y la hipocresía que ante él desplegó la sociedad occidental de patrones liberales[55].

Pero también desde Occidente se alimentaría la idea de una *traición* del intelectual de distinto signo del hasta entonces imperante. Se denunciaría en este caso desde el pensamiento liberal-conservador (Hayek, Popper, Aron)[56] a quienes se habían dejado abducir por la ideología sovietista-colectivista destructora de la libertad individual[57]. Complementariamente, y desde otro plano, se ha dado asimismo un aldabonazo de aviso sobre la crisis de los valores universales basados en la razón. Su enemigo lo constituiría un nuevo relativismo cultural sobrevalorador de los particularismos religiosos y nacionales y los localismos culturales[58]. O eclipsado por un nuevo, o no tan nuevo, fulgor: el desprendido de las corrientes totalitarias de signo marxista o de lejanas y míticas recreaciones de sociedades ideales; la definida como «seducción de Siracusa», nombre del reino del tirano Dionisio[59].

---

[54] Las difíciles relaciones entre las dos grandes figuras del pensamiento moderno hasta la dolorosa quiebra de 1952 están tratadas en A. Aronson, *Camus y Sartre,* Valencia, 2006.

[55] F. Fanon, *Les damnés de la terre,* París, 1961, precedido de un prólogo de J.-P. Sartre.

[56] Este último con una obra de punzante título, *L'opium des intellectuels,* París, 1955.

[57] M. Vargas Llosa, *La llamada de la tribu,* Madrid, 2018.

[58] A. Finkielkraut, *La défaite de la pensée,* París, 1987. Algunas observaciones al respecto y al calor de la crisis balcánica del poscomunismo titista, en M. Milosevich, *Los tristes y los héroes. Historias de nacionalistas serbios,* Madrid, 2000, págs. 301 y ss.

[59] M. Lilla, *Pensadores temerarios. Los intelectuales en la política, op. cit.,* páginas 165 y ss.

El hundimiento del bloque del Este, minado por la ausencia de libertades políticas, la ineficiencia económica y el atraso tecnológico, no condujo a ese optimista «fin de la historia» que había predicho un ensayista estadounidense de ascendencia nipona. Era tanto como hablar del irreversible triunfo a escala planetaria de la democracia liberal y su correlato económico: el capitalismo[60]. Por el contrario, los sucesos que han venido jalonando el nuevo siglo/milenio han dado pie a visiones menos edulcoradas. Valgan las de dos autores británicos de ascendencia judía: el veterano, prolífico y consecuente historiador marxista E. Hobsbawm[61] y el más que prometedor joven valor tempranamente desaparecido T. Judt[62].

A fecha de hoy, el debate sigue abierto, enriquecido con nuevos temas producto de nuevas inquietudes: la ecología, el cambio climático o la política de género, cuestiones en las que no vamos a entrar, ya que no se encuentran entre los objetivos de estas páginas[63].

---

[60] F. Fukuyama, *El fin de la historia y el último hombre,* Barcelona, 1994.

[61] E. Hobsbawm, *Años interesantes. Una vida en el siglo* XX, Barcelona, 2003.

[62] T. Judt (junto a T. Snyder), *Pensar el siglo* XX, Madrid, 2012.

[63] Como tampoco se encuentran los efectos inmediatos y a todos los niveles de la pandemia del coronavirus que sacudió al mundo desde los primeros meses de 2020. Momento en el que la redacción de estas páginas estaba a punto de concluirse. O el enfrentamiento bélico en la Europa más oriental causado por la agresión militar iniciada a finales de febrero de 2022 por la Rusia del presidente Putin frente al mucho más débil y joven estado de Ucrania.

Capítulo 2

¿Intelectuales en la Edad Media?

¿Hasta qué punto es viable hablar de intelectuales en la Edad Media y de su posible traición? Y ¿hasta dónde cabe relacionarlos con movimientos de renovación/oposición frente al orden establecido que, en términos religiosos, definimos como herejías? ¿O tal vez disidencias? ¿O reformas?

Unos posibles ejemplos

En 1957, Jacques Le Goff sacaba a la luz una breve y enjundiosa obra con el sugestivo título de *Les intellectuels au Moyen Âge*[1]. La expresión como tal no se dio en el Medievo, que utilizó las de *magister, profesor, vir scientificus* o *literatus,* por oposición al laico o *illiteratus*[2]. A la estela de estas consideraciones, otros autores han insistido en que el Medievo no otorgó significado a la palabra «intelectual» *(intellectua-*

---

[1] Actualizada en fecha posterior y vertida al castellano: *Los intelectuales en la Edad Media,* Barcelona, 1986. Por esta edición citaremos en adelante.

[2] H. Grundmann, «Litteratus-illiteratus der Wandlung einer Bildungsnorm von Altertum zum Mittelalter», *Archiv fur Kulturgeschichte,* 40, 1958, págs. 1-65.

lis) atribuida al hombre: este era, siguiendo la pauta aristotélica, racional *(animal rationale)* y lamentablemente mortal *(mortale)*[3].

A mediados del siglo XII el canónigo inglés Walter Map definiría al común de los no *literati* —representados en este caso por un grupo de predicadores valdenses— como *idiotae et illiterati*[4]. Una anécdota (o algo más) que permitió que en el pasado siglo cobrara fuerza en los medios historiográficos una cierta dicotomía a la hora de marcar los perfiles de los grupos religiosos discrepantes. Se fijaron por ello diferencias entre la herejía culta *(savant)*, propia de los medios académicos, y la herejía popular *(populaire)*, que prendería en los grupos desheredados[5].

La figura del intelectual (aunque no se le otorgue este nombre) sería producto del «renacimiento urbano», que contribuyó a una mayor división del trabajo, sobre todo a partir del llamado «renacimiento del siglo XII»: ¡el de la querella de los universales entre realistas y nominalistas en la que se verá involucrado Pedro Abelardo, una de las mayores figuras del pensamiento medieval![6]. El intelectual, según Le Goff, vende palabras como el comerciante vende distintas clases de mercancías. Su independencia de criterio, sin embargo, será relativa, ya que

[3] En consecuencia, y como categoría de persona, el intelectual será una creación de finales del Ochocientos al calor de la ya mencionada querella del caso Dreyfus. M. Fumagalli Beonio Brocchieri, «L'Intellettuale», en J. Le Goff (ed.), *L'uomo medievale*, Bari, 1987, pág. 203.

[4] En «De nugis curialium», recogido en el apéndice de R. Foreville, *Lateranense I, II, III*, Vitoria, 1972, pág. 261.

[5] Cfr. las comunicaciones presentadas en una de las secciones de la importantísima cita académica de J. Le Goff (presentador), *Hérésies et sociétés dans l'Europe pré-industrielle, 11-18 siècles, op. cit.*, págs. 209-227.

[6] La expresión «renacimiento» aplicada al siglo XII se popularizó, especialmente, a partir de la publicación de la obra de C. H. Haskins *The Renaissance of the Twelfth Century*, Harvard University Press, 1927, de la que se han hecho diversas ediciones en distintos idiomas. En esa línea surgieron otras obras como G. Paré, A. Brunet y P. Tremblay, *La Renaissance du XII siècle: les écoles et l'enseignement*, París, 1933; M. de Gandillac y E. Jeauneau, *Entretiens sur la Renaissance du XII siècle*, París, 1968, o R. L. Benson y G. Constable (eds.), *Renaissance and Renewal in the XIIth Century*, Cambridge (MA), 1982. Para una dimensión intelectual concreta, véase el clásico de M. D. Chenu *La théologie au XII siècle*, París, 1957.

muchas veces son «orgánicos» y su técnica suele ser la imitación de los antiguos, aunque para llegar más lejos que ellos: el «Somos enanos en hombros de gigantes», aforismo atribuido a Bernardo de Chartres en el primer tercio del siglo XII. El dicho se hizo popular porque, en opinión de Umberto Eco, «permitía resolver de forma aparentemente no revolucionaria el conflicto entre generaciones»[7].

Si al intelectual en el Medievo, como al de nuestros tiempos, se le suponía una cierta capacidad innovadora e incluso provocadora, ¿quiénes poseerían esa cualidad? Le Goff recordaba como ejemplos, para los siglos XII al XIV, cuatro figuras que especialmente ilustran la diversidad de comportamientos «críticos»: Pedro Abelardo, Tomás de Aquino, Siger de Brabante y Juan Wyclif[8]. Sin embargo, reconocía también el valor de otros catorce «grandes intelectuales» desde el siglo XII hasta finales del XV: Bernardo Silvestre, Roberto Grosseteste, Alberto Magno, Roger Bacon, Buenaventura de Bagnoregio, Ramón Llull, Eckhart, Dante, Duns Scoto, Guillermo de Ockham, Chaucer, Juan Gerson, Nicolás de Cusa y Gabriel Biel[9].

Un imprescindible apunte sobre los aportes islámicos y hebraicos

Hasta aquí, hemos hablado de un conjunto de apreciados autores incardinados en el ámbito político-territorial, cultural y social

---

[7] U. Eco, *A hombros de gigantes,* Madrid, 2018, pág. 22. Para más información, remito al lector a una obrita de E. Jeauneau, *Nani gigantum humeris insidentes. Essai d'interprétation de Bernard de Chartres* (Vivarium V, 1967, págs. 79-99).

[8] J. Le Goff, *Los intelectuales en la Edad Media, op. cit.,* pág. 12.

[9] Citados en la pertinente bibliografía orientativa, *ibíd.,* págs. 168-170. Para estos y otros autores, algunos viejos títulos convertidos en clásicos siguen siendo de útil lectura. Así, la valiosa síntesis de P. Vignaux, *El pensamiento en la Edad Media,* México, 1954 (sobre la edición francesa de 1938); E. Gilson, *La filosofía en la Edad Media. Desde los orígenes patrísticos hasta el fin del siglo XIV,* Madrid, 1976 (sobre la 2.ª edición francesa de 1944), y G. Leff, *Medieval Thought from Saint Augustine to Okham,* Londres, 1958. A. A. Maurer, *Filosofía medieval,* Buenos Aires, 1967. Una reciente y ordenada síntesis en S. Guijarro, *Enseñanzas, saberes y universidades en la Europa medieval,* Madrid, 2018.

del Occidente cristiano. No habría que olvidar, sin embargo, los aportes provenientes del ámbito extracristiano, en el que las penínsulas mediterráneas tuvieron un importante papel, oportunamente resaltado y analizado por destacados especialistas en la materia[10].

A mediados del siglo XX el autor británico Montgomery Watt afirmó que el mundo hispano-islámico medieval —por no remitirse al de otras latitudes— facilitaría en un test rápido, y para el actual «mundo unificado»[11], algunos nombres de primera fila. Averroes (1126-1198) estaría a la cabeza por su influencia sobre la filosofía cristiana, hasta el punto de que se ha llegado a hablar de un «averroísmo latino». Sus comentarios sobre Aristóteles le harán valer el título que se le otorgó de «El comentarista» por antonomasia. Según el profesor J. Vernet, Averroes es «posiblemente el español que mayor influjo ha ejercido a lo largo de la historia sobre el pensamiento humano»[12].

Pero también son de obligada mención Ibn Hazm (Aben Házam, 994-1063), que vivirá la quiebra del califato de Córdoba y redactará la valiosísima obra *El collar de la paloma,* dedicada a los fundamentos del amor: su esencia, sus accidentes, sus malaventuras...[13]. O Ibn Tufayl (m. 1085), Ibn Bayyan (Avempace, m. 1138), el místico Ibn Arabí y, muy significadamente, el historiador norteafricano de ascendencia andalusí Ibn Jaldún (m. 1406).

El prólogo a su *Historia Universal* constituye el primer ejemplo de filosofía de la historia, por cuanto se considera esta, en su aspecto intrínseco, como examen y verificación de los hechos e «investigación atenta de las causas que los han producido»[14]. Popular hizo

---

[10] A los que se han unido —al calor de las conmociones que han sacudido el mundo árabe en los últimos años— otros autores cuyas líneas de trabajo principales se encuentran en otros terrenos. Véase a título de ejemplo la síntesis de F. Martínez Hoyos *Cristianismo e Islam. De Mahoma al siglo XXI,* Madrid, 2020.

[11] M. Watt, *Historia de la España islámica,* Madrid, 1970, pág. 191.

[12] J. Vernet, *Lo que Europa debe al Islam de España,* Barcelona, 1999, pág. 77.

[13] Véase la excelente versión de Emilio García Gómez de Ibn Hazm de Córdoba, *El collar de la paloma,* Madrid, 1950.

[14] «Prefacio del autor» a Ibn Jaldún, *Introducción a la historia universal (Al-Muqaddinah),* ed. de E. Trabulse, México, 1977, pág. 93.

también Ibn Jaldún la teoría de la marcha fatal de los imperios a lo largo de sucesivas generaciones de gobernantes[15]; teoría que se ha considerado perfectamente aplicable al al-Ándalus de los Omeyas en general y, sobre todo, a su etapa califal entre 912 y 1009-1031. Discurriría a lo largo de una fundación (Abderrahman III), una conservacion (Alhakem II) y el anuncio de una liquidación (el inepto Hixem III)[16].

* * *

Notables, aunque menos numerosos, serán los aportes a la cultura occidental de la Edad Media de filósofos hispanojudíos. Hablamos del malagueño Salomón Ibn Gabirol (Avicebrón, 1020-1070), conocido de los escolásticos por su obra *Mqor hayyim (Fons vitae),* muy influida por el Antiguo Testamento y por el neoplatonismo, y por su gran poema *Keter Malkut* («Corona real»), considerado el más sublime de la religiosidad medieval hebrea. O de Bahya ibn Paquda (1040-1110), que será conocido por su *Hobot ha-l-bbot,* libremente traducido como *Libro de los deberes de los corazones* o, mejor, como *Libro de los deberes morales,* estudio de la vida del alma en relación con Dios y no tanto a través de rituales externos. O del aristotélico cordobés Moisés ben Maimón (Maimónides, 1135-1204), cuya *Guía de descarriados* supone un ambicioso proyecto de armonización entre fe y razón que hace de la Creación algo compatible con los principios filosóficos. Muchos de sus postulados serán asumidos por el último representante del judaísmo medieval hispano, quien tomó el camino del exilio: Ishazq Abravanel (1437-1508), autor de una obra a la que se conoce como *Pináculo de la fe*[17].

---

15 *Ibíd.,* págs. 356-357.

16 Destacado por E. García Gómez, «Introducción» a E. Levi-Provençal, *España musulmana hasta la caída del califato Omeya,* tomo IV de *Historia de España,* dirigida por R. Menéndez Pidal, Madrid, 1957, pág. XIV. Citado posteriormente por otros autores como M. Watt, *Historia de la España islámica, op. cit.,* pág. 191, o J. Vernet, *Los musulmanes españoles,* Madrid, 1961, págs. 89-92.

17 Especial estima por estos autores la deja traslucir D. Gonzalo Maeso, *El legado del judaísmo español,* Madrid, 1972, págs. 176-191.

El *Studium*, el poder del mundo intelectual y la idea de la *translatio*

Los intelectuales serán representantes de uno de los tres poderes que sustentaban el conjunto de la sociedad: el *Studium*, que se suma a los dos tradicionales de *Regnum* y *Sacerdotium*.

Alfonso X de Castilla, en su más conocido texto legal, y refiriéndose a la creación de universidades (definidas entonces como estudios), decía que estudio es «ayuntamiento de maestros et de escolares, que es fecho en algunt lugar con voluntad et con entendimiento de aprender los saberes»[18].

La capacidad fundacional correspondería al emperador, al rey o al papa para aquellos centros de mayor entidad. Los de menor fuste (estudios particulares) eran iniciativa de algún maestro o alguna villa que se ponían al frente de un pequeño grupo de escolares.

El desarrollo del movimiento universitario en Occidente, desde Pedro Abelardo —una suerte de precursor— hasta Siger de Brabante, estuvo ligado a la conciencia en la especificidad del trabajo intelectual: el trabajo del «filósofo», que no era el del caballero pero tampoco el del cura o el del monje. Tenía, sin embargo, su ética profesional, que en ocasiones no coincidía con la universalmente admitida[19].

El movimiento universitario es, en su origen, hijo también de otro más amplio: el de las corporaciones, que, después del mítico Año Mil, tienden a agrupar a quienes ejercen un determinado trabajo a fin de defender sus intereses profesionales. Una defensa que se ejerce en el seno de unas estructuras fuertemente jerarquizadas que van del maestro al oficial y al aprendiz. Tales corporaciones pueden denominarse de distintas formas, entre ellas *Universitates*[20], ex-

---

[18] *Las Siete Partidas del Rey don Alfonso el Sabio,* Partida II, título XXXI, Madrid, 1972, vol. II, pág. 340.

[19] J. Verger, *Les universités au Moyen Âge,* París, 1973, pág. 193.

[20] A propósito de este término y su uso, sigue siendo magistral la obra de P. Michaud-Quantin *Universitas. Expressions du mouvement communitaire dans le Moyen Âge Latin,* París, 1970.

presión que las agrupaciones de maestros y escolares acabarían por monopolizar.

A finales del siglo XIII el canónigo Alejandro de Roes identificó esos tres poderes con otros tantos países. El *Regnum* (la fuerza) lo poseían los alemanes, que habían provisto a Europa de emperadores a los que la tradición consideraría los sustentadores del Sacro Imperio Romano... de la nación alemana. El *Sacerdotium* (el espíritu) correspondía a los italianos, dado el gran número de papas de esta procedencia. Y el *Studium* (la sabiduría) lo ostentaban los franceses, pues, en cuanto «circunspectos y vigilantes... y de mente clara», tenían la virtud nacional de la erudición[21]. La Universidad de París se había de convertir en la gran luminaria cultural del Occidente. La capital de la Francia de los Capetos, dinastía cuyo prestigio se consolidó a lo largo del siglo XIII, era posiblemente la ciudad más populosa del Occidente. Era la meta de una sabiduría que se había desplazado a través de diversos países, desde la remota Antigüedad, hasta instalarse en el corazón de Francia sobre la base de una creencia: la *translatio studii usque Parisium.*

Este juego en cuanto a desplazamiento de determinada jefatura se plantearía a otros niveles y con otros protagonistas.

Otras formas de *translatio*

En lo referente al valor militar, lo haría a finales del siglo XIV el cronista posiblemente más popular del Bajo Medievo: Jean Froissart[22]. Nacido en la ciudad de Valenciennes, y protegido de Felipa de Hainault, esposa de Eduardo III de Inglaterra, estamos ante un personaje que es técnicamente un clérigo que ha hecho carrera eclesiástica pero al que la tradición ha convertido en un escritor con enorme atractivo; incluso en una de las tempranas glorias de la literatura francesa. Ello al margen de los errores cronológicos y topográficos

---

[21] A. Murray, *Razón y sociedad en la Edad Media,* Madrid, 1982, pág. 317.

[22] Para la figura y obra de este autor, véase la recopilación de trabajos llevada a cabo por J. J. N. Palmer (ed.), *Froissart: Historian,* Suffolk, 1981.

que se deslizan en su obra y de las diversas confusiones y alteraciones de nombres de los que sus *Crónicas* están salpicadas[23].

Para Froissart, el ejercicio del valor (la *prouesse)* desde la noche de los tiempos se ha ido trasladando de unos pueblos a otros: de Oriente a Occidente. De los caldeos a los judíos y de estos a los persas y los griegos. Más adelante recaería en los romanos, que lo mantendrían unos quinientos años.

> Después, los romanos se cansaron de rendir culto a la proeza, y el valor vino a residir en Francia, en primer lugar, por la obra del rey Pipino y de su hijo el rey Carlos, que fue rey de Francia y de Alemania y emperador de Roma, y después por los demás nobles reyes que le sucedieron. Después el valor ha reinado durante largo tiempo en Inglaterra por obra del rey Eduardo y de su hijo el príncipe de Gales; porque bajo su reinado los caballeros ingleses y los que se aliaron y lucharon con ellos han realizado tan bellas proezas, tan grandes batallas y tan atrevidas empresas que no hay en el mundo caballeros que puedan igualarlas, como se verá después en este libro[24].

Todo un homenaje a quienes a lo largo de la primera fase de la Guerra de los Cien Años ejercieron una hegemonía militar y otorgaron a Froissart un mecenazgo que no podía por menos de agradecer[25].

Con un toque más académico se pronunciaría un siglo más tarde Juan Pico de la Mirandola (1463-1494), un apasionado por la vida del hombre y sus posibilidades. A su entender, la filosofía de los latinos (entendiendo por tales a Alberto Magno, a Tomás de Aquino, a Duns Escoto o a Egidio Romano) solo era comprensible si se tenía en cuenta a los filósofos griegos y a los árabes: «Siendo así que

---

[23] Observación muy poco piadosa recogida, por ejemplo, en una vieja y valiosa síntesis de G. Lanson, *Histoire de la Littérature Française,* París, 1920, pág. 153.

[24] «Prólogo» de Froissart a sus *Crónicas,* antología comentada por E. Bagué, Barcelona, 1949, págs. 40-41.

[25] Sobre el mencionado príncipe de Gales (el Príncipe Negro de la historia y la leyenda), véase la asequible biografía con mucho de evocación literaria de M. Dupuy *El Príncipe Negro. Eduardo, señor de Aquitania,* Madrid, 1973.

toda la sabiduría derivó a los griegos de los bárbaros y de los griegos a nosotros». Un reconocimiento a la tesis del origen oriental de la filosofía griega en un espacio que cubriría desde el antiguo Egipto hasta los confines del cercano Oriente: la sabiduría de persas y caldeos tanto primitivos (Zoroastro) como más cercanos: los representantes del helenismo postaristotélico y neoplatónico[26].

[26] Pico de la Mirandola, *De la dignidad del hombre,* Madrid, 1984, pág. 128 (edición preparada por L. Martínez Gómez, que la precede de una amplia y documentada introducción).

Capítulo 3

Un inciso en el camino. El recuerdo para dos personajes singulares

A propósito de esas (cuatro + catorce) figuras del Occidente medieval calificables de intelectuales, dos personajes de entre ellas, con muchos años de distancia entre ambos, merecen a nuestro entender especial recordatorio: Pedro Abelardo y Dante Alighieri.

Pedro Abelardo: una época, un autor y un drama especial

Nacido en el Pallet en el seno de una familia de la pequeña nobleza bretona (1079), estudiante en París y maestro en la montaña de Santa Genoveva, Pedro Abelardo posee un especial atractivo por varios motivos.

Nuestro personaje vive en medio de una ebullición cultural marcada por los grandes debates del llamado «renacimiento del siglo XII» que en ningún momento rehúye.

Uno de ellos será la disputa que conocemos como «querella de los universales», que enfrentó a dos bandos irreconciliables: realistas y nominalistas. Para los primeros, los géneros y especies eran realidades o esencias que existían «en sí» anteriores a las cosas singulares y concretas. El realismo daría así una primacía a la fe y a la revelación, prevaleciendo con ello —se ha dicho— los valores espirituales. Para los nominalistas el «mundo ideal» no es más que un producto mental, ya que la única realidad es la del mundo sensible —la de lo singular— y el criterio de verdad se encuentra primordialmente en la razón humana[1]. El debate habrá de prolongarse más allá del siglo en que tuvo lugar su apogeo.

Y será también el siglo XII la época de la rutilante Escuela de Chartres, fundada por su obispo Fulberto y que tuvo su apogeo en dicho siglo coincidiendo con la construcción de su famosa catedral. Le Goff ha destacado el naturalismo y el humanismo chartrenses, ya que Chartres apela a la cultura antigua para construir su propia doctrina y porque «coloca al hombre en el centro de su ciencia, de su filosofía y casi de su teología»[2]. Su filosofía, de tendencia esencialmente platonizante, tendrá en Bernardo de Chartres su figura más singular. El también chartrense Juan de Salisbury lo definiría como «el primero de los platónicos de nuestro siglo». Las ideas divinas son para Bernardo de Chartres eternas, encerradas en el santuario de la mente divina, y mantienen su imperturbabilidad frente a los cambios constantes del universo[3].

* * *

Y, por otra parte, y como es bien sabido, Abelardo y su compañera Eloísa[4] se harán célebres por romper con las convenciones del momento, tanto las académicas (numerosos enfrentamientos dialécticos con sus colegas) como las de conducta social: unas relaciones más allá de lo académico —y de lo canónicamente admitido— entre maestro y discípula. Una trayectoria que, desde un principio,

---

[1] J. Hirschberger, *Breve historia de la filosofía,* Barcelona, 1971, pág. 109.

[2] J. Le Goff, *Los intelectuales en la Edad Media, op. cit.,* págs. 60-63.

[3] Para las líneas generales de esta escuela, véase A. Maurer, *Filosofía medieval, op. cit.,* págs. 71 y ss.

[4] Clásicos sobre este tema se los debemos a autores como E. Gilson, *Héloïse et Abélard,* París, 1938, y R. Pernoud, *Eloísa y Abelardo,* Madrid, 1973.

resulta verdaderamente emocionante. tal y como se recoge en testimonios de especial atractivo:

> Había entonces en París una joven llamada Heloísa, sobrina de cierto canónigo Fulbert. Este, que la quería tiernamente, no había escatimado ningún esfuerzo para darle una educación refinada. Ella era bastante bonita y la extensión de su cultura la convertía en una mujer excepcional. Los conocimientos literarios son tan raros entre personas de su sexo que ella ejercía una particular atracción, y su fama ya era conocida en el reino. Yo la veía dotada de todos los encantos que atraen a los amantes. Pensé que me sería fácil establecer una relación con ella[5].

Conocido es el drama que desencadenaría la aventura amorosa entre maestro y discípula, incluida esa infamante mutilación inducida por el tutor de Eloísa. Daría pie a esa correspondencia que se ha hecho justamente famosa. Tanto o más que las turbulencias intelectuales que llevarían a Pedro Abelardo a criticar ácidamente a afamados autores como Roscelino de Compiègne, Guillermo de Champeaux o Anselmo de Laón, de quien dijo que su fama se debía «más a su avanzada edad que a sus conocimientos».

Más riesgo trajo para Abelardo su pugna con los celadores de la ortodoxia, que lograron en un concilio celebrado en Soissons en 1121 la condena de la obra *De unitate et trinitate divina,* en la que a través de los procedimientos de la dialéctica nuestro hombre trataba de explicar el dogma básico de la fe católica. Bernardo de Claraval, el gran impulsor del Císter, le acusaría de «dar nuevo impulso a errores hace tiempo condenados y olvidados y atreverse a inventar otros nuevos», y reprobaría frontalmente el subjetivismo moral que cabía deducir de la ética abelardiana[6]. Al final de sus días (muere en 1142), Abelardo

---

[5] Pedro Abelardo, *Cartas de Abelardo y Heloísa: Historia calamitatum,* ed. de C. Riera y P. Zumthor, Palma de Mallorca, 1982, pág. 50.

[6] La condena la hizo firme, junto con «todas las doctrinas del mismo Pedro Abelardo», el papa Inocencio II por la carta *Testante Apostolo* de 16 de julio de 1140, recogida como apéndice a Pedro Abelardo, *Ética o conócete a ti mismo,* ed. de P. R. Santidrián, Madrid, 1990, pág. 152.

encontraría refugio en Cluny junto al más tolerante abad Pedro el Venerable, quien, *in extremis,* lograría una reconciliación entre los dos rivales y el levantamiento de las sanciones eclesiásticas[7].

Pedro Abelardo es considerado un «Descartes del siglo XII» por cuanto su *Sic et non* es tomado como una suerte de discurso del método medieval. No se trata, sin embargo, de un racionalista en estado puro, sino de un «utilizador sistemático de las artes del *trivium*»[8]. El racionalismo que se le ha atribuido es, sin duda, otra exageración. Protestó de ello en una de las cartas a Eloísa: «No quiero ser filósofo si para ello es necesario negar a san Pablo como tampoco quiero ser Aristóteles si hubiera necesidad de alejarme de Cristo... pues no hay otro nombre bajo el Cielo por el que yo haya de salvarme»[9].

Lo que sí cabría considerar a Pedro Abelardo es promotor de un diálogo interreligioso que, como también Pedro el Venerable pensaba, podría resultar más eficaz que los enfrentamientos violentos. Diálogo entre «hombres que todos nos declaramos adoradores de un Dios único, pero le servimos, no obstante, con una fe y unas formas de vida distintas»[10].

Dante, un intelectual total para la cultura europea

De entre todos los autores antes relacionados, uno de ellos —menos «maldito» que Pedro Abelardo, aunque su vida pasó también por graves infortunios— es, a juicio de un destacado au-

---

[7] R. Pernoud, *Eloísa y Abelardo, op. cit.,* págs. 208 y ss. A propósito del paralelismo entre los dos Pedros, resultan de interés algunas de las comunicaciones del coloquio *Pierre Abélard, Pierre le Vénérable,* celebrado en Cluny entre el 2 y el 9 de junio de 1972, actas publicadas por el CNRS, París, 1975.

[8] Cfr. la semblanza recogida por J. Le Goff en su *La civilización del Occidente medieval,* Barcelona, 1969, págs. 601-602.

[9] Recogido por A. Maurer, *Filosofía medieval, op. cit.,* pág. 59, extraído de J.-P. Migne, *Patrología Latina,* 178, 375, Epístola 17.

[10] «Prefacio» a Pedro Abelardo, *Diálogo entre un filósofo, un judío y un cristiano,* ed. de A. Sanjuán y M. Pujadas, Zaragoza, 1988, pág. 83.

tor de nuestro tiempo, quien más ha estimado la «nobleza» del intelectual. Cualidad superior a la nobleza de títulos o de sangre: Dante Alighieri[11].

Resulta un lugar común presentar a este genial florentino (1265-1321) como uno de los personajes con mayor atractivo en la historia de Europa, ya sea como santo, hereje, ocultista, teólogo, filósofo, lingüista...[12]. En su formación, en efecto, se entrecruzan el conocimiento de las artes liberales, el desempeño en distintas lenguas (la materna toscana, el latín, el francés y el provenzal), la música, la equitación y el manejo de las armas, o su familiaridad con la mística franciscana y la escolástica dominica. Cierto paralelismo ha encontrado algún autor de nuestros días entre dos contemporáneos: el «poeta» italiano Dante y el «místico» alemán Eckhart, ya que «aclimataron ambos las aspiraciones de los "intelectuales" fuera de sus instituciones de origen»[13]. Más discutibles parecen las influencias de la escatología islámica en la obra principal del florentino, como hace un siglo sugirió un ilustre autor español; consideraciones que despertaron la lógica polvareda entre los dantólogos italianos, muy orgullosos de la originalidad de su compatriota[14].

Hombre de arraigada vocación política, Dante figuraría en un principio en el partido güelfo de su ciudad, del que se alejaría para formar una facción particular: la de los «blancos». Expulsado de Florencia por sus rivales, fracasó en el intento de retornar a su ciudad. Lo que no consiguió ni siquiera después de muerto, ya que sus restos fueron enterrados en Rávena. En una breve semblanza biográfica,

---

[11] A. de Libera, *Pensar en la Edad Media,* Barcelona, 2000, pág. 199.

[12] Véase la introducción de A. Crespo a su guía *Conocer Dante y su época,* Barcelona, 1979, pág. 8.

[13] A. de Libera, *Pensar en la Edad Media, op. cit.,* pág. 265.

[14] M. Asín Palacios, *La escatología musulmana en la Divina Comedia,* Madrid, 1919 (varias veces reeditado). Véanse las páginas introductorias de M. A. Viguera a *Libro de la Escala de Mahoma según la versión latina del siglo* XIII *de Buenaventura de Siena,* Madrid, 1996, págs. 11 y ss. En una línea que no descarta esas influencias islámicas en la poesía de Dante se ha pronunciado también J. Vernet, *Lo que Europa debe al Islam, op. cit.,* págs. 473-485.

Giovanni Boccaccio verterá amargas reflexiones sobre la ingratitud y cicatería de sus paisanos florentinos[15].

Con Dante y los representantes de toda una generación (la del *dolce stil nuovo)* se ha dicho que «volvía a despertar una tradición antiquísima, soterrada durante largo tiempo, la de la visualización del acaecer interior y exterior»[16].

El destacado dantólogo que fue Karl Vossler, en un breve libro sobre historia de la literatura italiana, agrupaba la producción del genio florentino siguiendo un elemental criterio al que vamos a atenernos[17].

Obras menores de Dante

Se situarían aquí textos de limitada extensión pero no por ello desdeñables: sus cantos amorosos, cuyo ciclo cerraría a los treinta años con su *Vita nuova*. Se trata de un relato de un amor convertido en místico ante la desaparición de la bella y bienaventurada dama, que contempla ya directamente el rostro del Salvador, a diferencia de esos peregrinos que en este mundo han de limitarse a las señales dejadas en el paño de la Verónica: «Después de esta tribulación, en estos días en que la multitud acude a ver la bendita imagen que Jesucristo nos dejó para recuerdo de su hermosísima faz, la cual contempla mi amada en la gloria»[18].

Figurarían, además, el *Convivio (Banquete),* defensa de la sabiduría como síntesis de conocimiento y razón; el *De vulgari eloquentia,* en donde Dante se convierte en preconizador de una lengua literaria común a todas las regiones de Italia, y, sobre todo, lo que será su credo político, ya esbozado en el *Convivio* pero desarrollado ahora extensamente en el *De monarchia*[19], texto que merece especial

---

[15] G. Boccaccio, *Vida de Dante,* ed. de C. Alvar, Madrid, 1993, pág. 96.

[16] E. Auerbach, *Dante, poeta del mundo terrenal,* Barcelona, 2008, pág. 140 (original de 1919).

[17] K. Vossler, *Historia de la literatura italiana,* Madrid, 1925, págs. 31-38.

[18] Dante Alighieri, *La vida nueva,* ed. de F. Almela y Vives, Canto XL.

[19] A. Truyol, *Dante y Campanella. Dos visiones de una sociedad mundial,* Madrid, 1968, pág. 31.

atención. Ya que: «Todo reino dividido será desolado» (Lc. 11, 17). Si pues esto ocurre en todas las cosas que se ordenan a un fin, es verdad lo que se ha establecido anteriormente.

> Ahora bien: es cierto que todo el género humano está ordenado a un fin, como ya fue mostrado; por consiguiente, conviene que haya uno que mande, o reine: y este debe ser llamado Monarca o Emperador. Y así resulta evidente que, para el bien del mundo, es necesaria la Monarquía, o sea el Imperio[20].

Dante trataba de hacer compatibles dos tipos de autoridad: la espiritual, que se reservaba al papa, y la secular o mundana, que correspondía al emperador. La obra se debió de componer entre 1308 y 1311, «según los más rígidos cánones escolásticos y en medio de implacables deducciones a menudo abstractas o rebuscadas»[21]. Serviría como saludo al monarca alemán Enrique VII, coronado emperador en Roma por el papa Clemente V. Sin duda había depositadas en él muchas esperanzas que se vieron frustradas[22]. La obra incluso llegó a ser objeto durante algún tiempo de la censura eclesiástica por considerarse que el poder del papa quedaba sensiblemente rebajado en esa estructuración de la sociedad[23]. Algo que Dante trató de soslayar al término de su tratado al estar la felicidad mortal en cierto modo ordenada a la felicidad inmortal:

> César, pues, debe usar con respecto a Pedro la misma reverencia que el hijo primogénito debe usar con su padre, para que, ilustrado por la gracia paterna, con más virtud irradie sobre el orbe terrestre, que le ha sido encomendado por Aquel que es el único gobernador de todas las cosas espirituales y temporales[24].

---

[20] Dante Alighieri, *De la monarquía,* ed. de J. Llambias de Azevedo, Buenos Aires, 1966, pág. 42.

[21] A. Truyol, *Dante y Campanella, Dos visiones de una sociedad mundial, op. cit.,* págs. 31-32.

[22] Tal como Dante recoge en *Divina Comedia,* «Paraíso», Canto XXX, 137.

[23] O, al menos, disociar la temporal de lo espiritual acentuando su autonomía. A. Truyol, *Dante y Campanella. Dos visiones de una sociedad mundial, op. cit.,* pág. 68.

[24] Dante Alighieri, *De la monarquía, op. cit.,* págs. 122-123.

Aun así, nuestro autor adquiriría el cierto tinte de disidencia considerado condición *sine qua non* para alcanzar el marchamo de intelectual. Y a su vez, el *De monarchia* ha acumulado méritos suficientes para su admisión en el panteón de los grandes proyectos europeístas[25].

La «Divina Comedia»

La *Comedia (Divina* desde mediados del siglo XVI) es la obra mayor de Dante Alighieri y, sin duda, uno de los grandes monumentos de la literatura universal[26]. Un sumario acercamiento hace del texto una de las muchas —digamos la mejor— visiones de los mundos del más allá. Un género al que el Medievo tuvo particular inclinación[27]. Y no solo desde el mundo cristiano.

La pretensión de Dante fue extraordinariamente ambiciosa. Erich Auerbach afirmó que su genio poético se atrevió a «representar todo el mundo histórico y terrenal del que tenía conocimiento como sometido ya al juicio definitivo de Dios»[28]. O por decirlo de otra forma: la *Comedia* trata del destino temporal y eterno de la humanidad a través de tres reinos: dos inamovibles, que son el Infierno y el Ayuntamiento Paraíso, y otro temporal y purificador, que es el Purgatorio[29].

La vida del hombre aparece como producto de metamorfosis. Unas se dan en este mundo y tienen un carácter progresivo: desde el

---

[25] Cfr. la vieja pero excelente antología comentada de D. de Rougemont, *Tres milenios de Europa. La conciencia europea a través de los textos. De Hesíodo a nuestro tiempo,* Madrid, 1963, págs. 65-69.

[26] Como importante jalón para su estudio estaría la obra de K. Vossler, *Die Göttliche Kömedie,* Heidelberg, 1925.

[27] Un estado actual de la cuestión lo recogimos en E. Mitre, «Los espacios del Más Allá», en *Ubi sunt qui ante nos in hoc mundo fuere?: De la tierra al cielo,* Actas de la XXIV Semana de Estudios Medievales (Nájera, 29 de julio a 2 de agosto de 2013), Logroño, 2014, págs. 31-74.

[28] E. Auerbach, *Dante, poeta del mundo terrenal, op. cit.,* pág. 144.

[29] A. Crespo, *Conocer Dante y su obra, op. cit.,* pág. 119.

momento de la concepción y a través de las diversas edades de la vida mortal. En la otra vida las metamorfosis se producen de varias formas. La regresiva se da en el infierno, ese lugar del que hay que abandonar toda esperanza de salir[30]. La forma progresiva se produce en los diversos escalones del purgatorio, cuyo ascenso supone la pena que se ha de sufrir por haber incurrido en cada uno de los pecados capitales a la espera del Juicio Final. La forma definitiva de perfección es la que alcanzan los bienaventurados dotados de cualidades sobrenaturales[31]. Si Virgilio ha sido la guía de Dante en los dos primeros espacios del más allá, en el paraíso lo serán Beatriz y san Bernardo. Este le permitirá abarcar con sus ojos la forma general de ese sublime espacio[32]. Dante no dudó de poder alcanzar algún día esa «beatitud» de la que la «felicidad» intelectual experimentada por los «filósofos» en la tierra no era sino —Dante, cristiano a la postre— un goce anticipado[33].

En cuanto al purgatorio, Dante no sería su «inventor» pero sí su «consagrador» como lugar preciso y no mero estatus de purificación para cierta clase de almas. «Consagración» que, como reconoció un añorado medievalista, tiene mucho de triunfo poético: «la más noble representación del Purgatorio nacida del espíritu humano»[34].

---

[30] El famoso aviso situado en la puerta del infierno, *Divina Comedia,* «Infierno», Canto III, 9.

[31] A. Crespo, *Conocer Dante y su obra, op. cit.,* págs. 126 y ss.

[32] *Divina Comedia,* «Paraíso», Canto XXXI, 54.

[33] A. de Libera, *Pensar en la Edad Media, op. cit.,* págs. 200-201.

[34] Tal y como se recoge en los pasajes finales de J. Le Goff, *La naissance du Purgatoire,* París, 1981, págs. 449 y ss.

Capítulo 4

Matices, reservas y ampliaciones a un esquema (1): acumulación y erudición en algunos ejemplos tipo

Al margen de ese cuarteto de «innovadores» mencionado por el profesor Le Goff —y de su prolongación hasta alcanzar esas figuras de dieciocho «grandes intelectuales»—, quedarían autores ¿escasamente creativos?; muchos de ellos ¿meros compiladores? Y, por otra parte, ¿hasta qué punto podría negarse la categoría de intelectuales de la Edad Media a autores anteriores a los cambios del siglo XII? ¿Dónde ubicar a figuras como la muy anterior de Agustín de Hipona, uno de los indiscutibles artífices culturales del Occidente cristiano? A él y otros personajes de menor calado, dada su innegable influencia, tendremos que dedicar un cierto espacio en nuestras páginas.

De momento, orientemos nuestra atención hacia otros terrenos y autores: algunos reconocidamente intelectuales, y otros, ajenos o fronterizos en lo que se refiere a la capacidad creadora que parece exigirse a estos.

¿Erudición o mera divulgación frente a ejercicio intelectual? Algunos ejemplos relevantes en el primer Medievo

Representativo de la primera categoría se ha considerado a Isidoro de Sevilla, juzgado, sin embargo, como uno de los grandes maestros del Medievo[1]. Rebajando su importancia, algunos autores le han declarado simple representante del predominio de una erudición eclesiástica más que de una erudición clásica propiamente dicha. Su labor se mantendría en los límites de los resúmenes, antologías y colecciones de materiales, tradición que arrancaría del siglo III[2]. Incluso desde visiones muy conservadoras que aprecian su obra, se ha sostenido que Isidoro «da la impresión de ser, más que un pensador profundo y especializado, un entendimiento enciclopédico que busca conocimientos generales acerca de todas las materias»[3]. Buenas muestras de ese hacer se manifestarían en su *Libro de las sentencias,* referidas al buen gobierno predicado en el Alto Medievo, y, sobre todo, en su obra un tanto miscelánica pero de gran influencia en siglos posteriores: los veinte libros de las *Etimologías.* Con ellos Isidoro, a través de distintas entradas, nos habla acerca del «origen» y sentido de los términos más significativos empleados en los libros paganos y cristianos, lo que contribuye a confirmar «las esperanzas de toda una élite local, proporcionándole todos los conocimientos que pudiera necesitar»[4]. Isidoro († 636)

---

[1] Toda una época marcaría la tesis de J. Fontaine, *Isidore de Séville et la culture classique dans l'Espagne wisigothique,* París, 1983 (original de 1959). Sus conclusiones se recogerían y harían más accesibles para el gran público en su *Isidoro de Sevilla. Génesis y originalidad de la cultura hispánica en tiempos de los visigodos,* Madrid, 2002.

[2] M. C. Díaz y Díaz, *De Isidoro al siglo XII,* Barcelona, 1976, pág. 53.

[3] I. Quiles, *San Isidoro de Sevilla. Biografía. Escritos. Doctrina,* Buenos Aires, 1945, pág. 53.

[4] P. Brown, *El primer milenio de la cristiandad occidental,* Barcelona, 1997, página 190.

tendrá una triple autoridad: como teólogo garante de la ortodoxia, como reformador y, culturalmente, como erudito conocedor de la naturaleza[5].

La figura del hispalense personificaría para el Occidente el deslizamiento de un mundo antiguo identificado con Roma y su imperio hacia lo que, un poco enfáticamente, hemos llamado «primera Europa»[6].

* * *

En un principio esta se expresa en una dispersión territorial y política: la que marcarán las turbulentas monarquías germánicas. De una de ellas —la de los francos, en continuo riesgo de fragmentación— dejaría una vívida descripción el obispo e historiador Gregorio de Tours. La redacción de sus diez libros de *Historia francorum* la lleva a cabo en momentos (segunda mitad del siglo VI) en que «el culto a las bellas letras decaía e incluso estaba a punto de perderse en las ciudades de la Galia»[7].

Un siguiente paso lo marcará el primer proyecto reagrupador, identificado con el Imperio de Carlomagno, sobre el que volveremos más adelante.

Erudición en el Medievo avanzado

Andando el tiempo, y sobre la base de una cultura predominantemente erudita y, sobre todo, divulgativa, daremos con algunas figuras consideradas poco originales, aunque ampliamente utilizadas por sus coetáneos y con una notable influencia de cara al futuro.

---

[5] J. Fontaine, *Isidore de Séville et la culture classique..., op. cit.*, pág. 296.

[6] Tratamiento que llevamos a cabo en nuestro E. Mitre, *Una primera Europa. Romanos, cristianos y germanos (400-1000),* Madrid, 2009.

[7] Gregorio de Tours, *Histoire des francs,* ed. de R. Latouche, París, 1999 (original de 1963), pág. 31.

Honorio Augustodunensis (siglo XII), de cuya vida poco sabemos, escribirá un *Elucidarium,* expresión de una cultura divulgadora (e incluso vulgarizadora) de las creencias religiosas y de las disciplinas profanas.

Más conocidas serán la vida y obra de Vicente de Beauvais (c. 1190-c.1264), dominico coetáneo de santo Tomás de Aquino y amigo de san Luis, para el cual redactó un sentido texto con motivo de la muerte de su hijo y heredero Luis, en quien tantas esperanzas se habían depositado (1260); un escrito que podemos considerar todo un compendio de filosofía de la muerte cristiana[8]. Vicente de Beauvais, más que por sus diversos escritos teológicos, eclesiales o penitenciales, es conocido sobre todo por su obra enciclopédica, titulada *Speculum maius* (1244-1256)[9] y que consta de varias partes: el *Libellus apologeticus,* que en veinte capítulos nos habla de las Sagradas Escrituras; el *Speculum naturalis,* dedicado a la naturaleza a través de la filosofía, la ciencia y la teología; el *Speculum doctrinale,* que constituye un tratado sistemático de pedagogía, y el *Speculum historiale,* con un fuerte sentido didáctico y cronológico, desde Adán y Eva hasta mediados del siglo XIII. Un *Speculum morale* sería añadido por un anónimo discípulo de Vicente, cuyo *Speculum maius* le ha dado en ciertos sectores de la vida académica una fama de erudito divulgador (e incluso vulgarizador) por mucho que su obra enciclopédica fuera muy utilizada; especialmente como inspiradora en las artes plásticas[10].

Y ¿qué decir del igualmente miembro de la orden de predicadores y arzobispo de Génova Jacobo de Vorágine († 1298), autor de una vasta compilación de vidas de santos de significativo título: *Leyenda áurea?* Podrá tildársela de escasa originalidad, de repetir hasta

---

[8] Vicente de Beauvais, *Epístola consolatoria por la muerte de un amigo,* ed. de J. Vergara y F. Calero, Madrid, 2006.

[9] J. Vergara Ciordia, «Vicente de Beauvais y el *Speculum maius* (1254-1259)», en *Docencia e investigación. Homenaje al profesor José Luis González Simancas,* Pamplona, 1998, págs. 295-323.

[10] Cfr. E. Mâle, *El arte religioso. Del siglo XII al siglo XVIII,* México, 1966, páginas 50 y ss.

la saciedad unos modelos de vida y de muerte muy similares basados muchas veces en tradiciones de dudosa solvencia. Pero, como sucede también con la obra de Vicente de Beauvais, tendrá un enorme impacto en la predicación, en la literatura popular y en las artes plásticas. De ahí el renovado interés que viene despertando entre los medievalistas[11].

[11] Entre otros autores, véanse A. Boureau, *La légende dorée. Le système narratif de Jacques de Voragine,* París, 1984, o la obra última de J. Le Goff *À la recherche du temps sacré. Jacques de Voragine et la Légende dorée,* París, 2011.

Capítulo 5

Matices, reservas y ampliaciones a un esquema (2): la plenitud medieval

A través de las semblanzas de esos autores a los que nos hemos referido en el capítulo anterior no es fácil hablar de intelectuales —de primera fila, al menos— en el sentido más exigente del término, aunque sí pueden ser situados bajo su paraguas adjetivo[1].

Figuras intelectuales para un tiempo de apogeo: del mundo monástico al conventual y la autoridad de Aristóteles

El sentido sustantivo de la expresión «intelectual» parece reservarse solo para autores cuyas raíces, como ya hemos brevemente advertido, estarían en el «renacimiento del siglo xii», con figuras de la singularidad de un Pedro Abelardo. Un tanto a pie forzado, aun-

[1] A Vicente de Beauvais, sin embargo, no se le regatean por algunos esa categoría. Cfr. S. Lusignan, M. Paulmier Foucart y M. C. Duchenne (eds.), *Lector et compilator. Vincent de Beauvais, frère prêcheur. Un intellectuel et son milieu au xiii siècle,* Rencontres à Royaumont, 1997.

que sí al menos como precursor de ese «renacimiento», cabría situar a Anselmo de Bec (1033-1109), monje benedictino cuyos últimos años de vida discurrieron como arzobispo de Canterbury. Autor entre otros textos de un *Monologium,* un *Proslogium* y un *Cur Deus Homo,* tendrá en san Agustín a su principal inspirador, aunque Anselmo le imprimirá su particular genio[2]. De ahí la forma de explicar el sentido de la Pasión redentora por lo que se ha llamado la «tesis de la satisfacción condigna». La enorme culpa en la que incurrieron con su desobediencia nuestros primeros padres hacía necesario un enorme sacrificio voluntario e infinitamente valioso: la muerte del hijo de Dios hecho hombre, cuyos méritos se aplican a todos los hombres[3].

Avanzando en el tiempo, algunas de las más influyentes figuras serán de extracción no tanto monástica como conventual, y se moverán al calor del primer movimiento universitario. París será el gran centro productor de ideas y de debates. Muchos de los mejores maestros, sin embargo, no son franceses, y los alumnos proceden de todos los rincones de Europa. Tomás de Aquino y Buenaventura de Bagnorregio son italianos, Alberto Magno es alemán, Siger de Brabante es neerlandés y Roger Bacon es inglés. Y la lengua común será el latín. De entre los dominicos, la figura del alemán Alberto de Lauingen (san Alberto Magno, 1200-1280) destacará como maestro de Teología en Colonia entre 1228 y 1240, y en París entre 1242 y 1248. En otros terrenos, sus tratados *De plantis, De animalibus* o *De mineralibus* acabaron dándole una cierta fama como maestro en ciencias ocultas[4]. Sería además maestro del gran dominico que acabaría por eclipsar su justa fama: santo Tomás de Aquino, el «Doctor angélico».

Nacido en la localidad napolitana de Roccasecca, hijo del conde Landulfo de Aquino, Tomás (1225-1274) impartirá docencia en la

---

[2] E. Jeauneau, *La filosofía medieval,* Buenos Aires, 1965, pág. 33.

[3] San Anselmo, «¿Por qué Dios se hizo hombre?», en *Obras completas,* t. 1, Madrid, BAC, 1952, pág. 835; glosado en nuestra época por autores aparentemente tan dispares como H. Küng, *Ser cristiano,* Madrid, 1975, págs. 535-536, o J. Ratzinger, *Introducción al cristianismo,* Madrid, 2005, pág. 195.

[4] A. A. Maurer, *Filosofía medieval, op. cit.,* págs. 154 y ss.

Universidad de París entre 1252-1259 y 1269-1272. La gran empresa intelectual del Aquinate consistirá en reducir las antinomias entre la visión aristoteliana del mundo y la verdad según el dogma cristiano[5]. La moral tomista, por ejemplo, es una adaptación de la ética de Aristóteles a los principios cristianos: la felicidad que se realiza dentro de los límites terrestres es el anticipo de la que se logrará en el más allá con la «visión beatífica»[6]. En otras palabras, de uno de los grandes especialistas en la historia del pensamiento tomista: el objetivo de Tomás consiste en «construir una síntesis integral de la doctrina cristiana y, principalmente, descubrir la evidencia de la unidad de un sistema de ideas que permite expresar en la misma lengua e interpretar con ayuda de los mismos conceptos las verdades de la razón y las de la fe»[7]. Mientras san Agustín (y san Buenaventura) pensaban en buscar la verdad en el interior del hombre, santo Tomás anima a buscarla fuera[8].

Dentro de la jerarquía que se ha establecido de los trabajos de santo Tomás, destacarían sus dos grandes sumas: la monumental *Suma teológica* (1266-1274), que dejó inacabada, y la *Suma contra gentiles,* orientada a la enseñanza de gentes que no admitían la autoridad de las Escrituras. También inacabada dejó una obrita bajo el título de *Brevis compilatio theologiae,* o *Compendio,* buena síntesis de lo más peculiar del autor tanto en lo referente a la armonización de fe cristiana y razón aristotélica como en lo que respecta a tesis personales como las vías, la teoría de las relaciones trinitarias, la doctrina del libre arbitrio o lo conveniente al alma intelectiva[9].

En relación con Averroes, la tradición más apologética (de la que se hicieron eco artistas del Renacimiento como Benozzo Gozzoli) presenta al Aquinate como su gran debelador por haber refutado lo

---

[5] P. Labal, *Le siècle de Saint Louis,* París, 1972, pág. 99.

[6] E. Jeauneau, *La filosofía medieval, op. cit.,* pág. 76.

[7] E. Gilson, «Introducción» a su antología *Santo Tomás de Aquino,* Madrid, 1949, pág. 19.

[8] J. Hirschberger, *Breve historia de la filosofía, op. cit.,* pág. 126.

[9] J. Fortuny, «Introducción» a Tomás de Aquino, *Compendio de teología,* Barcelona, 1986, págs. 12-13.

que se consideraban errores del filósofo musulmán. Sin embargo, pocos dudan ya del uso frecuente por Tomás de los comentarios de Averroes, al que todos tenían como «El comentarista» de Aristóteles y fuente de información para los temas filosóficos. Según afirmación de E. Gilson, «santo Tomás de Aquino acometió la gran empresa de expresar las verdades religiosas del cristianismo en el lenguaje filosófico de Aristóteles»[10]. El lenguaje aristotélico se encuentra, asimismo, en una obra del Aquinate: el también inacabado *De monarchia*. Las formas de gobierno pueden ser de uno solo (monarquía), de un grupo (aristocracia) o de muchos (democracia), aunque pueden degenerar, respectivamente, en tiranía, oligarquía y demagogia[11]. Como otros autores, Tomás se inclinaba por la monarquía, aunque, advierte, siempre que el monarca sea justo, porque de lo contrario se estaría ante el peor de los gobiernos[12].

* * *

Hace ya más de un siglo P. Mandonnet afirmó que la relación de santo Tomás con Aristóteles era la de «el juez muy benevolente pero independiente». Mayor benevolencia e independencia menor se encuentra en la corriente de pensamiento que en su día se conoció como «averroísmo latino». Su máximo representante sería Siger de Brabante, nacido hacia 1240 y profesor en la Facultad de Artes de París hacia 1266. Sus graves complicaciones con las autoridades inquisitoriales lo obligaron a huir hacia Italia, donde sería asesinado en Orvieto en 1284. Pasado el tiempo, Agostino Nifo (1500) lo presentaría como «fundador de la secta averroísta»[13]. Un estigma

---

[10] E. Gilson, «Prefacio a esta filosofía medieval», páginas de introducción a A. Maurer, *Filosofía medieval, op. cit.*, pág. XVI.

[11] Expresado de una forma simplificada a partir del texto del gran escolástico. Santo Tomás de Aquino, *La monarquía*, ed. de L. Robles y A. Cuenca, Madrid, 1989, págs. 8-9.

[12] *Ibíd.*, págs. 17 y ss.

[13] Clásico por excelencia sobre este autor, P. Mandonnet, *Siger de Brabant et l'averroïsme latin au XIII siècle*, 2 vols., Lovaina, 1908-1911.

que alimentaría lo que A. de Libera ha definido como «mito de la doble verdad» que lanzaron los rivales de Siger: una verdad para la fe y otra para la razón[14]. Su huida de París y la muerte violenta simbolizarían las dificultades que entrañaba una autonomía de pensamiento —disidencia a fin de cuentas—, sobre las que nos extenderemos más adelante. Así se demostraría en 1277 con la condena por el obispo de París Esteban Tempier de doscientas diecinueve tesis, la mayor parte de ellas atribuidas supuestamente a Averroes. El canonista Gil de Roma, en su tratado *Sobre los errores de los filósofos,* disculpó los de Aristóteles por desconocimiento de la ley; pero no los de Averroes que, a sabiendas, combatió cualquier especie de revelación[15]. No murió con ello el «averroísmo», ya que su espíritu no tardó en revivir en el siglo XIV con autores como Juan de Jandun o Marsilio de Padua[16].

Figuras intelectuales para un tiempo de apogeo: más allá de los límites del aristotelismo

Según la tradición, san Buenaventura, nacido en las cercanías de Viterbo (1221-1274), fue amigo de santo Tomás. Ambos fallecieron el mismo año y ambos fueron declarados en su día doctores de la Iglesia. Como franciscano, fue el auténtico organizador de su orden, sumida en un verdadero caos desde la muerte de san Francisco. Aunque Buenaventura y Tomás fueran teólogos, sus nociones teológicas fueron a menudo opuestas. Mientras que el Aquinate fue gran deudor del aristotelismo, Buenaventura lo era de san Agustín. Si a su juicio Aristóteles era «el más excelente de los filósofos», Platón rayaba a mayor altura como «maestro de la sabiduría». Su escrito más característico es el *Itinerarium mentis in Deum,* descrito como la obra «de un franciscano que muy libremente reescribe *El banquete*

---

[14] A. de Libera, *Pensar en la Edad Media, op. cit.,* págs. 56 y ss.
[15] *Ibíd.,* pág. 99.
[16] E. Jeauneau, *La filosofía medieval, op. cit.,* pág. 79.

de Platón» o también como la «unión perfecta de la escolástica con el misticismo»[17].

El también franciscano desde 1257 Roger Bacon (c. 1210-c. 1292) será un personaje de gran complejidad. Profesor en París, enseñará, comentándolas, las obras de Aristóteles y escribirá algunas «cuestiones» filosóficas. Pero su verdadera originalidad la alcanzará en Oxford, donde se dedicará a los estudios científicos entusiasmado por el genio de Roberto Grosseteste, otro franciscano y obispo de Lincoln. A partir de 1267, Bacon irá sacando sus *Opus Majus, Opus Minus* y *Opus Tertium,* y será reconvenido por las autoridades de su orden acusado de enseñar novedades peligrosas relacionadas, quizás, con opiniones astrológicas. A juicio de Bacon, la revelación no excluye la necesidad de la experimentación; de ahí que las ciencias experimentales desempeñen un importante papel en las reformas educativas que proponía. Las ventajas que estas ciencias proporcionaban no debían ser solo materiales, sino sobre todo morales y religiosas[18].

En la mejor tradición de raíces célticas, Juan Duns Escoto (nacido en Maxton, Escocia, c. 1266) será otro hombre del intelecto que tomará el hábito de franciscano en 1281. Explicará en París, de donde será expulsado por tomar partido por el papa Bonifacio VIII en su querella con Felipe IV. Retornará a la capital francesa para ser consagrado como maestro en Teología (1305) y marchar más tarde a Colonia, en donde morirá en 1308[19].

Mientras Tomás de Aquino es el «Doctor angélico», Duns Escoto será el «Doctor sutil», heredero de una tradición filosófica incardinada en la orden franciscana. El papel del cristianismo como buena nueva proporciona a los hombres la posibilidad de encontrar a Dios más allá de toda experiencia sensible. Abrirá el camino para

---

[17] J. Le Goff, *Le XIII siècle. L'apogée de la Chrétienté (v. 1180-v. 1330),* París, 1982, pág. 68.

[18] S. C. Easton, *Roger Bacon and his Search for a Universal Science,* Oxford, 1952.

[19] Trayectoria bien resumida en los apéndices de A. A. Maurer, *Filosofía medieval, op. cit.,* pág. 412.

establecer una de las grandes singularidades de la esencia divina: su infinitud.

> Señor, Dios nuestro, por lo que se ha dicho, los católicos pueden concluir de algún modo muchas perfecciones que los filósofos han advertido en Ti. Tú eres el primer Eficiente. Tú eres el Fin Último... Eres incomprensible, infinito; pues nada omnisciente es finito...[20].

El puente hacia el Bajo Medievo y el sustrato místico: algunas grandes figuras

La Corona de Aragón, cuya influencia política se extenderá más allá de sus límites peninsulares ibéricos (Baleares, mediodía de Francia, sur de Italia...), daría algunas figuras de excepción en ese periodo de tránsito hacia el Bajo Medievo.

El valenciano Arnau de Vilanova, de raíz familiar posiblemente barcelonesa (c. 1240-1311), será famoso por sus conocimientos médicos e intervenciones políticas y religiosas, que derivarían en un marcado «franciscanismo espiritual» desde su conversión en 1299. Derivación que acabaría acarreando la condena de algunos de sus escritos por sentencia inquisitorial de 1316[21].

Amigo y médico de tres papas (Benedicto XI, Clemente V y Bonifacio VIII) y del rey Fadrique de Sicilia, Arnau acabará desengañado de todos ellos al no recibir crédito a sus programas para acometer una regeneración *profética* del Estado y de la sociedad. Regeneración que, en ningún caso, vendría «de las lecciones, sermones y pláticas» propios de la vida académica: «Es indiscutible que no por saber filosofía es el hombre más amigo de Dios, sino, antes bien, más aficionado a discutir, a charlar y a protestar, y más mordaz, alti-

---

[20] Duns Scoto, *Tratado del primer principio,* ed. de A. Castaño Piñán, Madrid, 1985, págs. 148-149.

[21] Cfr. Arnaldo de Vilanova, *Escritos condenados por la Inquisición,* ed. de E. Cánovas y Félix Piñero, Madrid, 1976.

vo e hipócrita. Y por esta razón les recrimina Jesucristo en el evangelio de san Mateo» (Mt. 23, 15)[22].

Valga, también, como expresión de los sentimientos de Arnau otro título: *De somniorum interpretatione,* en donde dice claramente que conviene redactar muchos escritos sobre esta materia, ya que hay «visiones dignas de mención y hechos anunciados por las visiones»[23].

Ese visionarismo de Arnau lo convierte en personaje de marcados sentimientos *antiintelectuales,* todo un lejano eco del pensamiento del abad Joaquín de Fiore († 1202). Hablamos en este caso de uno de los innovadores del pensamiento historiológico cristiano, del que Agustín de Hipona actúa de fundador.

Con trayectoria humana similar a la de Arnau, el mallorquín Ramón Llull (Raimundo Lulio, c. 1232-c. 1316) es una figura no fácil de clasificar. Después de una vida mundana como preceptor y senescal, trabajará incansablemente dejando un variado legado[24]. Uno de los grandes especialistas en nuestro personaje ha agrupado sus obras en ocho categorías (aparte las dudosas): enciclopédicas, filosóficas *lato sensu,* teológicas, éticas, místicas, científicas, jurídicas y obras varias (cartas, testamento...)[25], obras redactadas mayoritariamente en catalán, aunque hay algunas en latín y en árabe.

A través de tan extenso y variado currículum, no es fácil sistematizar el pensamiento de Ramón Llull, un apasionado de la unidad que utilizó los más diversos medios para lograrla en el terreno religioso[26]. Se podría tomar su participación en el Concilio ecuménico de Vienne en 1311 como una guía muy general para deducir que las

---

[22] «Sinopsis de la vida espiritual», *ibíd.,* pág. 166.

[23] Arnau de Vilanova, *De la interpretación de los sueños,* selección y traducción de J. Francisco Ibars, Barcelona, 1975.

[24] Una curiosa guía para conocer la trayectoria de nuestro personaje la facilita un texto no tanto autobiográfico como conjunto de notas que Ramón dictaría a uno de los monjes de la cartuja de Vauvert en París hacia 1311. R. Llull, *Vida del maestro Ramón,* ed. de A. Bonner, Barcelona, 2015.

[25] M. Cruz Hernández, *El pensamiento de Ramón Llull,* Madrid, 1977, páginas 422-423.

[26] S. García Palou, «La obra literaria de Ramón Llull», prólogo a su edición de Ramón Llull *Proverbis de Ramón,* Madrid, 1978, pág. 11.

obsesiones de nuestro personaje fueron esencialmente tres: la prohibición del averroísmo, la creación en las universidades de cátedras para el estudio del árabe, el hebreo y el caldeo y la reiniciación de la cruzada, lo que implicaba una defensa a ultranza del ideal caballeresco, tal y como expresará en una de sus obras más breves: «Por la fe que tienen los caballeros bien acostumbrados van los caballeros a la Tierra Santa de Ultramar en peregrinación y empuñan las armas contra los enemigos de la cruz, y son mártires cuando mueren por exaltar la santa fe católica»[27].

En ese empeño de defender y expandir la fe cristiana, una tradición de dudoso crédito nos habla de la muerte de Ramón Llull bajo tintes precisamente martiriales (hacia 1316). Consecuencia de su lapidación en Bugía por una turba de musulmanes a los que trataba de convertir[28].

Parece existir un amplio acuerdo entre los especialistas en que, de todos los títulos que pudieran otorgarse a Llull, el más adecuado sería el de un gigante de la mística, en cuya historia —destaca Miguel Batllori— ocuparía un papel similar al que santo Tomás de Aquino desempeñaría en el de la teología. El *Libre de contemplació de Dèu,* redactado cuando tenía apenas cuarenta años, aunque su finalidad fuera apologética, es una obra, como dice en el Prólogo, para «alabar a Dios y obtener de Él la gloria de las bendiciones». El sentido amoroso de unión a Dios se convierte así en el centro de toda la especulación luliana en la medida en que lo fue de su vida. «Ontogénicamente, el pensamiento de Ramón Llull nace de esta exposición de la realidad contemplada en Dios»[29].

* * *

Tampoco fácil de clasificar es la figura del maestro Eckhart (1260-1327). Ingresado dominico en el noviciado de Erfurt, ocupa-

---

[27] Ramón Llull, *Libro de la orden de caballería,* ed. de L. A. de Cuenca, Madrid, 1986, pág. 76.

[28] M. Cruz Hernández, «El marco histórico-social de Ramón Llull», prólogo a *El pensamiento de Ramón Llull, op. cit.,* pág. 48.

[29] M. Cruz Hernández, *El pensamiento de Ramón Llull, op. cit.,* págs. 253 y ss.

ría en dos ocasiones, como santo Tomás, cátedra en la Universidad de París (1302-1303 y 1311-1313). Vicario de Turingia y prior en Erfurt, dirigiría la provincia de Sajonia con más de cuarenta conventos, extendidos por el norte de Alemania y Holanda. En 1323 sería maestro de Teología en Colonia, en donde la audacia de sus sermones empezó a inquietar a las autoridades eclesiásticas, lo que le llevaría en los últimos años de su vida a sufrir las sanciones recogidas en bula condenatoria de 1329 por difundir «numerosas doctrinas que en muchos corazones han envuelto en tinieblas la verdadera Fe»[30]. Dichas doctrinas aparecen recogidas en sus obras latinas *(Comentarios sobre las Escrituras* o los *Sermones)* y en sus obras «alemanas», como *Discurso de discernimiento* o *Libro del consuelo divino*[31].

Al igual que otros autores, Eckhart admira a Aristóteles, de quien dirá que es «el más grande de todos los maestros que hayan hablado de conocimientos naturales». Sin embargo, las dosis de neoplatonismo que se detectan en sus escritos son harto manifiestas. A la postre, nos quedaría de nuestro autor la imagen —como en Arnau de Vilanova y Ramón Llull— de uno de los grandes maestros de la mística que influiría en Tauler († 1361), Enrique Susón († 1336), Ruysbroeck († 1361) o más tardíamente Nicolás de Cusa († 1464)[32].

El consuelo y la alegría completos, según Eckhart, no se encontrarán en lo que se busque en las criaturas:

> Nadie más que Dios puede consolarte y solo Él y con Él encontrarás la plena felicidad. Si buscas el consuelo en lo que no es Dios no lo hallarás en ninguna parte; en cambio si no buscas el consuelo en la criatura ni te deleitas en ella, encontrarás el consuelo por doquier[33].

[30] «Bula de Juan XXII *In Agro Dominico* de 27 de marzo de 1329», recogida como apéndice a Eckhart, *El libro del consuelo divino,* ed. de A. Castaño Piñán, Madrid, 1977, págs. 81-82.

[31] Véase inventario en A. A. Maurer, *Filosofía medieval, op. cit.,* pág. 420.

[32] J. M. Clark, *The Great German Mystics: Eckhart, Tauler and Suson,* Nueva York, 2013.

[33] Eckhart, *Libro del consuelo divino, op. cit.,* pág. 34.

Esa suerte de perfección terrenal el hombre la alcanza a través de la «chispa» o «ciudadela» del alma, que es donde Dios mora y nos permite prescindir de las cosas materiales y hasta del uso de nuestro intelecto y nuestra voluntad. El místico trasciende así «todo conocimiento sensorial (que se limita a los objetos materiales y tangibles) y todo conocimiento racional (que alcanza los objetos inteligibles mediante conceptos abstractos), hasta que llega al puro conocimiento de Dios, tal y como es en sí»[34]. La iluminación y la gracia de Dios permiten alcanzar ese estado sobrenatural. Como diría el maestro en uno de sus sermones: «El alma debe dirigir su marcha hacia la eternidad de su propio ser y considerar devotamente que ella es, por la gracia de Dios, una naturaleza efímera que Él ha llamado a la compañía de su beatitud eterna»[35].

* * *

Y ¿qué decir de la apasionante figura del franciscano inglés Guillermo de Ockham (u Occam), nacido en 1290 y que será autor de obras tanto filosóficas y teológicas como políticas? Entre ellas, la *Expositio aurea,* o la *Expositio super phisicam Aristotelis*. Denunciado al papa Juan XXII en 1324, fue expresamente condenado, aunque en 1328 se evadió del convento franciscano al que se le había asignado. Hacia el final de su vida (1348) al parecer intentó reconciliarse con su orden y con el papado. Como otros autores del momento, Ockham personalizaría el fin de un equilibrio intelectual al que aparentemente se había llegado en un siglo XIII y con la figura señera del Aquinate[36].

---

[34] A. A. Maurer, *Filosofía medieval, op. cit.,* págs. 300-301.

[35] Maître Eckhart, «Des puissances du Ciel», en *Oeuvres de Maître Eckhart, Sermons-traités,* ed. de P. Petit y J. P. Lombard, París, 1991 (original de 1942), página 255.

[36] Sobre Guillermo de Ockham hay una amplia dedicatoria en la síntesis de E. Jeauneau, *La filosofía medieval, op. cit.,* págs. 91-94.

¿Un refuerzo añadido a esa selección de intelectuales?

Volviendo a tomar ese siglo XII como punto de partida para detectar la figura del «intelectual», y avanzando hasta los inicios del XIV —ejercicio quizás un poco cansino—, ¿no sería posible colocar también bajo su «paraguas» a otros destacados autores más allá de consagradas listas? Jacques Paul, por ejemplo, destaca a quienes sitúa bajo el epígrafe de «los autores espirituales y místicos, la literatura edificante». Personajes algunos de ellos de espíritu etiquetado como tradicional, expresión con mucho de reticente. Se trata, sin embargo, de figuras de universal reconocimiento[37].

Sería el caso, enormemente representativo, de Bernardo de Claraval[38], el gran impulsor del Císter. En términos coloquiales, podría definírselo como un hombre de acción, ya que su constante predicación de la humildad coexiste con una combativa intervención en todos los asuntos de la época. A la figura del reformador monástico o del predicador de primerísimo orden añade la del ardiente defensor del espíritu de cruzada[39]. O la de un consejero de papas como Inocencio II —bajo cuyo pontificado reformó las casas del Císter en la Italia meridional (1137)— o Eugenio III (también llamado Bernardo antes de acceder al pontificado en 1145). Para él redactaría un *De consideratione,* donde le advierte de que, por ser la Iglesia romana madre de las otras iglesias, debía ser «modelo de justicia, espejo de santidad, ejemplo de piedad, anunciador de la verdad, defensor de la fe de los cristianos, doctor de las naciones, jefe de los cristianos...»[40].

---

[37] J. Paul, *Historia intelectual del Occidente medieval, op. cit.*, págs. 253 y ss.

[38] J. Leclercq, *St. Bernard et l'esprit cistercien,* París, 1978.

[39] Tal y como se recogerá en su *Elogio de la nueva milicia templaria,* ed. de L. Martín Lalanda, Madrid, 1983. Bernardo fue el impulsor de la segunda cruzada, saldada con un rotundo fracaso que, según la tradición, aceleró su muerte en 1153.

[40] «De la Considération», en la antología de P. Zumthor, *Saint Bernard de Clairvaux. Textes politiques,* París, 1986, pág. 144.

Bernardo será, asimismo, insobornable defensor de la ortodoxia frente a cualquier sospecha de disidencia. Esta circunstancia llevaría a nuestro hombre a combatir los primeros brotes heréticos de cierta entidad del Occidente, entre ellos el catarismo en su variante renana[41]. El espíritu implacable de san Bernardo le ha abocado a ser confrontado con la figura del último gran abad de Cluny Pedro el Venerable, acogedor, como ya hemos indicado con anterioridad, de un derrotado Pedro Abelardo en sus últimos días, pero también impulsor de un mejor conocimiento del islam para combatirlo intelectualmente[42].

* * *

La monja Hildegarda de Bingen, aunque menos tratada que otros autores, es posiblemente una de las personalidades más sugestivas del Medievo (1098-1179)[43]. Abadesa de un monasterio que, contra la costumbre de la época, quedó libre de tutela masculina, compositora musical, poetisa, experta en plantas y animales, consejera de papas y de políticos —tarea singular en época de enfrentamiento del emperador Federico Barbarroja y el papa Eugenio III con cisma incluido—, Hildegarda, autodefinida como *paupercula forma feminea,* pasará a la historia bajo los apelativos de «Profetisa teutónica» y «Sibila del Rin», ganados especialmente con una obra singular que le daría fama de visionaria: *Scivias: Conoce los caminos,* redactada con la ayuda de sus colaboradores, el monje Volmar y la monja Richardis von Stade[44].

* * *

---

[41] A. Brenon, «La lettre d'Évervin de Steinfeld à Bernard de Clairvaux: un document essentiel et méconnu», en *Archipels cathares. Dissidence chrétienne dans l'Europe médiévale,* Cahors, 2000, págs. 49-70.

[42] J. Le Goff, *Los intelectuales en la Edad Media, op. cit.,* pág. 33.

[43] Sobre su personalidad intelectual y psicológica es de gran interés la pincelada biográfica de M. Fumagalli Beonio Brocchieri, «Hildegarda la profetisa», en F. Bertini (ed.), *La mujer medieval,* Madrid, 1991, págs. 177-201. Desde una dimensión puramente hagiográfica, véase A. Amato, *Santa Hildegarda de Bingen. Luz de su gente y de su época,* Madrid, 2012.

[44] Véase la oportuna y excelente edición de esta obra a cargo de Antonio Castro Zafra: *Scivias: Conoce los caminos,* Madrid, 1999.

De indiscutible talla intelectual será también el miembro de la Escuela de Chartres Juan de Salisbury, prelado inglés nacido entre 1115 y 1120, amigo de Tomás Becket y autor de una obra —*Policraticus*— básica en la historia del pensamiento político. En ella, y sobre la base de una supuesta obra de Plutarco encaminada a la educación de Trajano, la comunidad política *(res publica)* se simboliza en los distintos organismos del cuerpo humano. Cada uno de ellos desempeña una función, a fin de lograr el necesario equilibrio de todo el conjunto. Así, el príncipe es la cabeza; los jueces, los ojos, oídos y lengua; los oficiales, las manos; los recaudadores, el vientre y los intestinos... Incluso las consideradas actividades más viles resultan extremadamente necesarias:

> Deja sin estas piezas de los pies a cualquier cuerpo, por robusto que sea, y no podrá caminar por sus propias fuerzas, sino que intentará arrastrarse torpemente con las manos, sin conseguirlo y con gran fatiga, o solo se podrá mover con el auxilio de las bestias[45].

Asimismo, Juan de Salisbury recogerá una clara referencia al tiranicidio contemplado como un acto piadoso:

> Para que conste por otra historia que es justo matar a los tiranos y liberar al pueblo para la gloria de Dios, incluso los mismos sacerdotes del Señor consideran su exterminio como acto piadoso, y si pareciere tener visos de dolo, afirman que se trata de algo consagrado a Dios por la religiosidad del misterio[46].

Una argumentación que un siglo más tarde manejará Tomás de Aquino invocando ejemplos del Antiguo Testamento pero recordando, a su vez, que ello no concordaba bien con la doctrina de los apóstoles[47].

---

[45] Juan de Salisbury, *Policraticus,* ed. de M. A. Ladero, Matías García y Tomás Zamarriego, Madrid, 1984, págs. 347-348.

[46] *Ibíd.,* pág. 740.

[47] Santo Tomás de Aquino, *La monarquía, op. cit.,* pág. 31.

Añádanse también dentro de esa categoría de intelectuales —ya en esa plenitud del siglo XIII— personajes como el muy discutido Federico II, el polifacético Alfonso X, modelos de gobernantes sabios. Y, con posterioridad, Marsilio de Padua (básico por lo que respecta a la elaboración de un pensamiento occidental de cariz laico)[48], Cristina de Pizan, Juan Wyclif, Juan Hus o Juan Pico de la Mirandola, coetáneo de Leonardo y fallecido en fecha más temprana.

Y, al margen de las acotaciones temporales, ¿dónde situar a la pléyade de iluminados (al menos sus figuras más ilustradas) de signo milenarista-apocalipticista de los que el Medievo produjo un amplio muestrario?[49].

---

[48] Todo un clásico de la bibliografía en esta materia en la que Marsilio tiene un destacado papel lo constituye G. Lagarde, *La naissance de l'esprit laïque au déclin du Moyen Âge,* París/Lovaina, 1956.

[49] Práctica guía para verificar estos fenómenos es N. Cohn, *En pos del milenio. Revolucionarios milenaristas y anarquistas místicos de la Edad Media,* Barcelona, 1972 (ha sido objeto de diversas ediciones siguiendo el original en inglés de 1961).

Capítulo 6

Gobernantes «sabios» y sus cortes. ¿Otra forma de ser intelectual?

Las observaciones en cuanto a la extensión del apelativo «intelectual» se acrecentarían a la hora de evaluar la labor de gobernantes que, desde fecha temprana de la Edad Media, han pasado a la historia como protectores e impulsores de la vida cultural en sus Estados.

Los albores del Medievo

La Italia ostrogoda bajo Teodorico el Ámalo conoció en el siglo VI una figura de excepción de desgraciado final: Severino Boecio (470-525)[1]. Ha adquirido extraordinaria fama por su impactante *Consolación de la filosofía,* obra redactada en prisión a la espera de ser ejecutado por orden del monarca de quien había sido fiel colaborador pero que prestó oídos a falsas acusaciones[2]. Articulada en cinco libros, Boecio no alude en ningún momento al cristianismo, lo que

[1] Sobre su personalidad y su obra, véase H. Chadwick, *Boethius. The Consolations of Music, Logic, Theology and Philosophy,* Oxford, 1983.

[2] Boecio, *Consolación de la filosofía,* ed. de P. Masa, Madrid, 1984, págs. 41-43.

abona la teoría de algunos especialistas, que hablan de un sexto libro que no tuvo tiempo de componer. Se remite, sí, a la filosofía platónica de Dios como fuerza que crea y ordena el mundo en virtud de su bondad absoluta: «Es Él quien dirige todas las cosas por y para el Bien, ya que todo lo conduce por sí mismo, y se ha demostrado que Él es el Sumo Bien; es, en cierto modo, el timón o gobernalle que mantiene estable e incorruptible la máquina del universo»[3].

El impacto de Boecio sería importante en generaciones posteriores, hasta el punto de que al siglo XII se le ha llegado a definir como *Aetas Boetiana.*

Se han elaborado a su vez importantes trabajos sobre la fama de sabios de los monarcas de la España visigoda[4], que produjo, entre otros, la figura ya abordada de Isidoro de Sevilla, quien, pese a sus limitaciones (las definiciones de las *Etimologías* son calificadas por J. Jolivet como «cultura en migajas o, si se quiere, en comprimidos, es decir, negación de la cultura activa»), sería uno de los educadores del Medievo[5].

Y se ha destacado convenientemente el papel desempeñado por los monjes insulares, tanto en Irlanda y la Britania anglosajona como más tarde en el continente[6].

Su figura más destacada, nacido hacia 672 y muerto en 735 —y por tanto muy posterior ya generacionalmente a Isidoro de Sevilla—, sería Beda el Venerable. Desde muy joven fue educado por Benito Biscop en Wearmouth y Ceolfrido en Jarrow. En este cenobio Beda sería monje el resto de su vida. Su producción es amplísima y cubre variados campos: ortografía, métrica, cómputo, cronografía, vidas de santos, más de veinte comentarios sobre las Escrituras y sobre todo la historia[7]. Dedicada «al glorioso rey Ceolwulfo» (hombre culto que renunciaría a su trono en 737 para ingresar como

---

[3] *Ibíd.*, pág. 138.

[4] M. A. Rodríguez de la Peña, *Los reyes sabios. Cultura y poder en la Antigüedad tardía y la alta Edad Media,* Madrid, 2008.

[5] J. Fontaine, *Isidoro de Sevilla. Génesis y originalidad..., op. cit.*

[6] P. Brown, *El primer milenio de la cristiandad occidental, op. cit.*, págs. 173-187.

[7] Véase «Autobiographical Note», suplemento a Beda, *A History of the English Church and People,* ed. de L. Sherley-Price y R. E. Latham, Londres, 1977, páginas 336-338.

monje en Lindisfarne)[8], Beda redactaría su *Historia ecclesiastica gentis anglorum.* Estos ingleses *avant la lettre* (la suma de anglos, jutos y sajones más el sustrato celta) figurarían como establecidos en una suerte de Tierra de Promisión «en la que como grupo eran responsables ante Dios de sus pecados, igual que lo fuera el pueblo de Israel»[9].

La época carolingia. Un especial *renacimiento*

A algunos gobernantes de los siguientes siglos se les ha atribuido también un papel de impulsores de la vida cultural, hasta el punto de difundirse una imagen: la de diversos «renacimientos» que habrían actuado de anticipo de lo que será el Renacimiento propiamente dicho: el que abrirá a Europa a los tiempos modernos[10].

Es ya tópica la idea de un renacimiento carolingio del que el restaurador del Imperio en Occidente sería temprano impulsor[11]. Ello, pese a las limitaciones en su formación, destacadas por su muy áulico biógrafo Eginardo:

> Cultivó con extraordinario celo las artes liberales y veneraba a los que las enseñaban, colmándoles de grandes honores [...]. Consagró mucho tiempo y esfuerzo a aprender de él (Alcuino de York) retórica, dialéctica y sobre todo astronomía; aprendía el arte del cálculo y estudiaba con gran atención y suspicacia el curso de los astros. También intentaba escribir [...] (pero) empezó tarde a realizar esta tarea y no le dio muy buen resultado[12].

---

[8] *Ibíd.*, pág. 339.

[9] P. Brown, *El primer milenio de la cristiandad occidental, op. cit.*, pág. 185.

[10] Para la aplicación del vocablo «renacimiento» a diversas épocas en la cultura europea del Medievo, véase la asequible y ordenada síntesis de S. Rábade *Los renacimientos de la filosofía medieval,* Madrid, 1997.

[11] P. Riché, *De l'éducation antique à l'éducation chevaleresque,* París, 1968.

[12] Eginhardo, *Vida de Carlomagno,* ed. de A. de Riquer, Barcelona, 1986, páginas 97-98.

La expresión «renacimiento carolingio», acuñada en el siglo XIX por el historiador de la literatura J. J. Ampère, ha sido incorporada al léxico común del historiador, aunque lo haya sido con las debidas cautelas[13]. Tres momentos suelen distinguirse en un movimiento que responde en principio a un deseo de reforma religiosa, con un carácter puramente eclesiástico, y al que solo excepcionalmente acceden algunos laicos[14].

La figura de Alcuino de York (¡un anglo en la corte del rey Carlos!) marcaría la primera etapa, correspondiente al reinado del restaurador del Imperio. El impulso dado a los centros culturales responde más que nada a la ordenación y corrección de textos, tal y como se recoge en la *Admonitio generalis* de 789:

> Corregid en cada monasterio u obispado los salmos, notas, cantos, cálculo, gramática y los libros católicos; pues ocurre a menudo que algunos, cuando su deseo es rezar bien ante el Señor, rezan mal, dado que los libros no están corregidos... y si es preciso copiar el Evangelio, el Salterio o el misal, que dicha labor recaiga sobre los adultos y que la lleven a cabo con la máxima aplicación[15].

En los años treinta del pasado siglo, algunos críticos del arte destacaron que, más que ante un *rinascimento* como el del siglo XV («un irresistible movimiento de todo el pueblo»), estamos ante el esfuerzo de unos pocos hombres distinguidos. No se trataría de un «resurgimiento *(revival)*» sino de una serie de mejoras en el arte, la literatura, la caligrafía o la administración: fue más una «renovación» que un renacimiento[16]. O una *Correctio,* como se reiteró algu-

---

[13] De forma sintética expusimos este problema en E. Mitre, «El Renacimiento carolingio: homogeneización y educación de una sociedad», en *El mundo medieval,* vol. II de *Historia del cristianismo,* Madrid, 2006, págs. 118-133.

[14] J. Chelini, *Histoire religieuse de l'Occident Médiévale,* París, 1968, págs. 136 y ss.

[15] «Admonitio Generalis», recogida en el apéndice documental de J. Delperrie de Bayac, *Carlomagno,* Barcelona, 1977, pág. 291.

[16] A. Panofsky y F. Saxel, *Mitología clásica en el arte medieval,* Vitoria, 2015, pág. 31 (original de 1933).

nos años después[17]. Carlomagno y sus sucesores se beneficiaron, sí, de la convergencia en los territorios bajo su dominio de corrientes (itálicas, hispánicas, insulares), tal y como se constatará, en el ámbito arquitectónico, en la construcción de la capilla palatina de Aquisgrán[18]. Al «renacimiento carolingio» le habrían antecedido, así, unos «prerrenacimentos» en la periferia que corresponderían a esos impulsos de la Italia ostrogoda, la Inglaterra anglosajona y la España visigoda.

Coetáneo de Carlomagno, Alfonso II de Asturias (y de Galicia y Cantabria, 791-842) se declararía vasallo suyo[19]. En sus modestos Estados impulsará una dignificación de la realeza: Oviedo, en su condición de nueva corte, contará con su propia diócesis, cierto impulso artístico y una restauración de viejas ceremonias (como la unción real) de época visigótica. Se ha hablado, así, de un verdadero «renacimiento cultural ovetense» parejo al carolingio[20]. Con todo, la gran figura de la cultura escrita hispano-cristiana en los primeros tiempos de la Reconquista es el monje Beato de Liébana. Será —junto con Alcuino— el debelador, a través de su *Apología,* de la herejía adopcionista predicada por el obispo Félix de Urgel y el metropolitano Elipando de Toledo[21]. Y será el autor de una *Explanatio in Apocalipsim* que había de obtener una amplia divulgación en Occidente[22].

---

[17] Cfr. P. E. Schramm, «Carlomagno: su pensamiento y sus principios ideológicos. La "Correctio" (Renacimiento) que él impulsó», *Anuario de Estudios Medievales,* 1964, págs. 3-28.

[18] Véase la voz «Aix-la Chapelle», en R. Delort, *Charlemagne,* en la colección de léxicos «Le monde de...», París, 1986, págs. 32-39.

[19] Eginhardo, *Vida de Carlomagno, op. cit.*, pág. 79.

[20] Véase J. I. Ruiz de la Peña, «La cultura en la corte ovetense del siglo IX», estudio preliminar a *Crónicas asturianas,* ed. de J. Gil Fernández y J. L. Moralejo, Oviedo, 1985, págs. 14-19.

[21] Sobre este movimiento heterodoxo —sobre el que volveremos más adelante—, es mucho lo que se ha escrito. Entre las aportaciones consideradas fundamentales está el ya antiguo de R. d'Abadal, *La batalla del adopcionismo en la desintegración de la iglesia visigoda,* Barcelona, 1949.

[22] L. Vázquez de Parga, «Beato y el ambiente cultural de su época», en *Actas del Simposio para el estudio de los códices del Comentario al Apocalipsis de Beato de Liébana,* vol. 2, Madrid, 1980, págs. 138 y ss.

La segunda etapa del renacimiento carolingio coincide fundamentalmente con el gobierno del heredero de Carlos, Luis el Piadoso. Destacan autores como Angilberto, el hispano exiliado Teodulfo, obispo de Orleans en el 821, y, sobre todo, Eginardo, casado con Imma, muchacha noble a la que una tradición poco fiable consideró hija ilegítima de Carlomagno. Abad laico de varios monasterios, y frustrado mediador en las disputas civiles del momento, la obra más popular de Eginardo será la *Vita Karoli,* que tiene como modelo la *Vida de los Doce Césares* de Suetonio... Se redacta, según su autor, para evitar que se perdiera el recuerdo de todo lo que sucedió en aquellos años y, así: «Que la ilustre vida del más eminente, del mayor rey de esta época y sus insignes actos, apenas imitables por los hombres de hoy, se desvanezca en las tinieblas del olvido»[23].

La tercera etapa del renacimiento carolingio se desarrolla en el periodo de ruptura territorial del Imperio, consagrada en el Tratado de Verdún de 843. Es, sin duda, el periodo intelectualmente más creativo, con figuras relevantes del tipo de Servato Lupo, Hincmaro de Reims, Walafrido Estrabón, Godescalco de Orbais, Raban Mauro y, sobre todo, Juan Escoto Erígena (o Eriúgena)[24].

De procedencia insular, se haría especialmente célebre por una obra rompedora, *De divisione naturae (Peri physeón),* que consideró en su día E. Gilson como una «inmensa epopeya metafísica». En su inicio anuncia su autor todo un plan de estudio:

> A mi parecer, cuatro diferencias permiten la división de la naturaleza en cuatro especies. De ellas, la primera es la que crea y no es creada, la segunda aquella que es creada y crea, la tercera la que es creada y no crea, la cuarta aquella que ni crea ni es creada[25].

---

[23] Eginhardo, *Vida de Carlomagno, op. cit.*, págs. 46-47, págs. 4 y ss.

[24] Un gran estudio de referencia sobre el personaje lo constituye el de M. Cappuyns, *Jean Scot Érigène, sa vie, son oeuvre, sa pensée,* Lovaina, 1933.

[25] Juan Escoto Erígena, *División de la naturaleza,* ed. de F. J. Fortuny, Barcelona, 1984, pág. 46.

La primera correspondía a Dios como causa suprema de todas las cosas. La segunda, a las ideas-causas primordiales de todas las cosas. La tercera, a los seres sometidos a la generación de tiempo y lugar, y la cuarta, a Dios como fin último de todas las cosas. Esa suerte de síntesis razonada de la creación le valdría a nuestro autor fama de panteísta. Y, si todo salía de Dios para retornar indefectiblemente a él, cuestionándose así la idea de una eternidad de premios y castigos en el más allá, dicha fama se redoblaría con la de escéptico. Por todo ello, se ha venido admitiendo que estaríamos ante una figura llamativa pero que permanecería aislada.

Un renacimiento otoniano

La coronación imperial del sajón Otón I en 962 se ha considerado la del nacimiento del Sacro Imperio Romano-Germánico. Sin embargo, la fórmula oficial *Heiliges römisches Reich deutscher Nation* es más tardía: de 1512[26]. Lo que se hace en realidad con Otón I es poner fin a una dilatada anomalía: la ausencia de coronación imperial desde la muerte de Berenguer de Friul acaecida en 924. Un importante lapso de treinta y ocho años[27], por lo que el 2 de febrero de 962, por obra de Otón y del papa Juan XII, «el imperio renacía y debía durar más de ocho siglos»[28].

En todo caso, los historiadores nos hemos habituado (¿indebidamente?) a hablar de una nueva (o ¿renovada?) situación política amparada por una cobertura cultural-ideológica. Tomando el nombre de los emperadores que se suceden entre finales del siglo x y los primeros tiempos del xi, hemos dado en hablar de un renacimiento otoniano que se significaría, especialmente, en la figura de Otón III (983-1002), hijo de Otón II y —detalle no menor— de la princesa bizantina Teófano. Será el más culto de los tres emperadores que

[26] Recordado por J.-F. Noël, *Le Saint Empire,* París, 1976, págs. 66-67.

[27] *Ibid.,* pág. 10.

[28] F. Rapp, *Le Saint Empire romain germanique. D'Otton le Grand à Charles Quint,* París, 2000, pág. 56.

llevarán este nombre, admirador de la figura de Carlomagno y promotor de la excavación de su sepulcro en Aquisgrán para prosternarse ante sus restos mortales.

Su reinado se asocia a la figura de su maestro Gerberto de Aurillac. Estamos ante un incansable trotamundos cuya curiosidad intelectual le llevaría hasta las fronteras de la cristiandad: a la diócesis de Vic, cercana al monasterio de Ripoll, en donde posiblemente se encuentran las muestras más antiguas de la influencia islámica en la cultura europea[29]. Gerberto será también una figura más profunda y personal que Alcuino, dados su superior bagaje científico y su sentido pedagógico, circunstancias que darán de él la imagen de un buen profesor[30]... Y también la de un bibliófilo consumado. Valga, a título de ejemplo, la carta enviada al monje Reinardo, del monasterio de Bobbio, famoso por su biblioteca:

> Te pido encarecidamente una sola cosa, que no te causará peligro ni perjuicio y que estrechará más aún los lazos de nuestra amistad. Ya sabes con cuánto afán busco los libros por doquier, y también sabes que hay por doquier copistas en las ciudades y en los campos de Italia. Con que, manos a la obra y haz que me copien, pese a todos, la Astronomía de Manlio, la retórica de Victorino, el tratado de Demóstenes sobre la oftalmia. Me comprometo, hermano, a guardar un silencio inolvidable sobre el favor que me vas a hacer. Todo lo que gastes te lo pagaré con réditos donde me digas y cuando me digas[31].

De su talante aperturista habla una afirmación que transmitió a sus discípulos: «La divinidad ha colmado a los hombres entregándoles la fe y no negándoles la ciencia». Como los autores carolingios, Gerberto fue un gramático, pero no menospreció la lógica y la retórica, campos en los que, hasta Pedro Abelardo, poco se aportaría.

Elevado al pontificado con el nombre de Silvestre II (999-1003), Gerberto transmitirá a su discípulo imperial y a sus sucesores el ideal

---

[29] J. Vernet, *Lo que Europa debe al Islam, op. cit.*, págs. 156-158.

[30] Ph. Wolff, *L'éveil intellectuel de l'Europe, op. cit.*, pág. 146.

[31] Texto recogido por H. Focillon, *El Año Mil*, Madrid, 1966, págs. 184-185.

de una Roma como «capital del mundo» y, en consecuencia, centro político y religioso para el conjunto del Occidente[32]. Proyecto, se ha dicho, de un emperador demasiado joven y un papa a la sazón demasiado viejo.

En la España de la Reconquista, que bajo Alfonso III de Asturias (866-910) alcanzará el valle del Duero, al cierto declive del arte monumental sucederá un notable impulso historiográfico. Este renacimiento literario, en el que mucho tuvieron que ver los inmigrantes mozárabes, daría pie a un ciclo cronístico con tres importantes textos narrativos: la *Crónica Albeldense,* la *Crónica Profética* y la *Crónica de Alfonso III*[33]. A través de ellas, se irá creando la embrionaria historia oficial de un reino[34].

Del pleno al Bajo Medievo

La expresión *rex illiteratus, quasi asinus coronatus* («un rey iletrado es casi un asno coronado») exigía del príncipe un cierto nivel de formación intelectual. En ello insistieron los «hombres del saber» (los intelectuales en el sentido más común), erigidos en una suerte de «capa de carácter estamental». Ellos inculcarían a los gobernantes la necesidad de ser educados en «saberes» a la par que en la destreza en las armas[35].

Se han destacado los elogios a diversos gobernantes hispánicos de tiempos de la Reconquista, época que hizo de la península no solo escudo militar del Occidente, sino también su escuela; con ese Toledo, recuperado políticamente para los cristianos en 1085, y

---

[32] P. Riche, *Gerberto. El Papa del año mil,* Madrid, 1990, pág. 156.

[33] Véase la aportación clásica e imprescindible de M. Gómez Moreno, «Las primeras crónicas de la Reconquista: el ciclo de Alfonso III», *Boletín de la Real Academia de la Historia,* 100, 1932.

[34] J. I. Ruiz de la Peña, «La cultura en la corte ovetense del siglo IX», art. cit., págs. 31-32.

[35] J. A. Maravall, «Los hombres del saber o letrados y la formación de la conciencia estamental», en *Estudios de Historia del pensamiento español,* serie primera, Edad Media, Madrid, 1983, págs. 331-362.

considerado lugar de encuentro entre las tres culturas de raíz monoteísta. Sobre todo a partir —como se ha venido sosteniendo— de la creación por el arzobispo toledano don Raimundo (1125-1152) de una prestigiosa escuela de traductores. No se trató sino de un punto de encuentro —valioso, eso sí— entre eruditos de distinta procedencia sin que se diera la debida política de coordinación ni continuidad[36].

De Fernando I de Castilla y León (1037-1065) se dice que «dispuso que sus hijos e hijas fueran instruidos primero en las disciplinas liberales a cuyo estudio él mismo se había dedicado»[37]. Alfonso VIII de Castilla (1158-1214) será definido como *sapiens* o *magister,* y el navarro Sancho VI (1150-1194), como «el sabio». Resulta significativo, como han destacado algunos medievalistas, que muchas de las universidades españolas no sean de fundación pontificia sino real[38], una muestra de la dimensión sapiencial que se otorga a la realeza castellanoleonesa[39]. En el caso de Palencia, convergen en 1212 las figuras de su obispo Tello Téllez de Meneses y del rey Alfonso VIII,

---

[36] Una buena panorámica sigue siendo la facilitada por C. Sánchez-Albornoz, *El Islam de España y el Occidente,* Madrid, 1974. El mundo de las traducciones se trata especialmente entre las págs. 183-206. Para el conjunto de las aportaciones culturales del islam al Occidente, véase la muy erudita y ya citada obra de J. Vernet, *Lo que Europa debe al Islam de España, op. cit.,* especialmente para la política de traducciones, que no gozó de escuelas propiamente dichas ni en Italia ni en España, págs. 168 y ss.

[37] *Historia Silense,* ed. de J. Pérez de Urbel y A. González-Ruiz Zorrilla, Madrid, 1959, pág. 184. Disciplinas liberales constituidas por el *trivium* (gramática, dialéctica y retórica) y el *quadrivium* (aritmética, geometría, astronomía y música); recogido por D. Porrinas, *El Cid. Historia y mito de un señor de la guerra,* Madrid, 2020, pág. 56.

[38] Cfr. algunos de los valiosos trabajos de A. Rucquoi recopilados en *Rex, Sapientia, Nobilitas. Estudios sobre la Península Ibérica medieval,* Granada, 2006, especialmente el muy llamativo «Alfonso VIII de Castilla y la realeza», págs. 47-85. Véanse también pasajes de la obra cargada de erudición a veces un tanto farragosa de H. Salvador Martínez, *Berenguela la Grande y su época (1180-1240),* Madrid, 2014, págs. 108-111.

[39] M. A. Rodríguez de la Peña, «Rex institutor Scholarum: La dimensión sapiencial de la realeza en la Cronística de León-Castilla y los orígenes de la Universidad de Palencia», *Hispania Sacra,* julio-diciembre de 2010, págs. 491-512.

anticipándose algunos años a la iniciativa de Alfonso IX de León en relación con Salamanca[40]. Ese amor a la sabiduría por parte de la realeza se extendería también al campo femenino. Así, la reina Berenguela, hija de Alfonso VIII de Castilla, esposa durante algunos años de Alfonso IX de León (matrimonio anulado por el papa Inocencio III) y madre de Fernando III el Santo, sería, según el cronista Lucas de Tuy, «sapientísima», cualidad que «parecía fluir del padre»[41].

* * *

Pero, sin duda, pocas figuras como las de dos monarcas de la plenitud medieval llamarán tanto la atención en cuanto a curiosidad intelectual.

El emperador del Sacro Imperio y rey de Sicilia Federico II (1212-1250) —a quien habría que añadir también por su similar curiosidad intelectual la figura de su hijo Manfredo, que le sucederá como rey de Sicilia[42]— será conocido por sus experiencias políticas y jurídicas en Alemania e Italia. Conocidos son los ásperos enfrentamientos con distintos papas, que le valdrán varias excomuniones. Conduciendo una extraña cruzada a Tierra Santa, llegará a ser coronado como rey de Jerusalén (1229) tras suscribir un acuerdo con las autoridades islámicas de efímera vigencia.

Considerado el *stupor mundo,* sobre Federico II se han escrito algunas magistrales páginas en el pasado y en el presente[43]. En su época se mezclaron la admiración por su curiosidad universal y sus

---

[40] Véanse las interesantes reflexiones sobre el tema de M. J. Fuente, *El estudio general de Palencia. La primera Universidad hispana,* Palencia, 2012.

[41] Recogido por H. Salvador Martínez, *Berenguela la Grande, op. cit.,* pág. 179.

[42] Véanse las páginas dedicadas a ambos en la epatante A. de Libera, *Pensar en la Edad Media, op. cit.,* págs. 101-109.

[43] En el siglo XX se convertirá en clásica la monografía de E. Kantorowicz, *Kaiser Friedrich der Zweite,* Berlín, 1927. Una amplia revisión —Federico como un personaje menos interesado por las grandes innovaciones— es la que con posterioridad ha llevado a cabo D. Abulafia, *Federico II. Un imperatore medievale,* Turín, 1990 (original inglés de 1988).

innovadores programas en distintos terrenos con los juicios morales más descarnados. Valga un ejemplo:

> Era un hombre astuto, bribón, ávido, lujurioso, malicioso, irritable. Y al mismo tiempo un hombre lleno de valor. Cuando quería mostrar su bondad o amabilidad, era encantador, delicioso, activo: sabía leer, escribir, cantar y componer cantinelas y canciones. Era hermoso y proporcionado, pero de talla media. Sabía diversas lenguas... Si hubiese sido buen católico y hubiese amado a Dios y a la Iglesia, no habría tenido igual entre los soberanos del mundo[44].

Su pariente por vía materna (hijo de Beatriz de Suabia) Alfonso X (1252-1284) resumiría mejor que cualquier otro monarca europeo lo que fueron las inquietudes de un gobernante ilustrado. No solo porque estas cubriesen un amplio espectro: las ciencias, la religión y sus tradiciones, la actividad legislativa o la historia[45], sobre la que más adelante insistiremos. También porque su labor no es tanto la de escribir personalmente sobre esas materias como la de coordinar esfuerzos dentro de una encomiable intención didáctica. Así se viene a decir en un pasaje de una monumental e inacabada *Historia universal.*

> El rey face un libro, non por quel escriba con sus manos. Mas porque compone las razones del, e las emienda e yegue e enderesça e muestra la manera de como se deven facer, e desi escrive las qui él manda, pero dezimos por esta razón que el rey face el libro[46].

* * *

---

44 «Crónica de Fra Salimbene de Adamo», ed. de Holder-Egger, *Monumenta Germaniae Historica Scriptores,* t. XXXII, Hannover, 1905-1913, pág. 348; recogido por Ch. La Roncière, Ph. Contamine, R. Delort y M. Rouche, en *L'Europe au Moyen Âge,* t. 2, *Fin* IX *siècle-fin* XIII *siècle,* París, 1969, pág. 45.

45 La proyección de la obra del monarca castellano en distintos campos se trata en un conjunto de breves estudios: M. Rodríguez Llopis (coord.), *Alfonso X. Aportaciones de un rey castellano a la construcción de Europa,* Murcia, 1997.

46 *General Estoria,* 1.ª parte, lib. XVI, cap. XIV.

En relación con esas cualidades culturales que se desea sopesar en el hacer de un rey medieval, bien valdría recordar un par de ejemplos referidos a dos monarcas franceses del pleno-Bajo Medievo.

En el siglo XIII será la figura de un Luis IX (san Luis desde 1297), cuyo reinado se ha definido a veces como «siglo de san Luis»[47], apelación equivalente a otras más conocidas, como «siglo de Pericles», «siglo de Augusto» o el volteriano «siglo de Luis XIV». Evidentemente su reinado coincide con el auge de la Universidad de París y con el gran papel de maestros como Tomás de Aquino. Pero ello no implica que el monarca se comprometiera en profundidad —como un Federico II o un Alfonso X— con grandes inquietudes intelectuales. Fue, sí, un rey piadoso, interesado por la defensa de la fe en su versión más ortodoxa, preocupado por la administración de justicia y el bienestar de sus súbditos. Pero, a su vez, defensor del ideal ya un poco trasnochado de la cruzada[48], muy pagado del ejercicio de la autoridad real, poco versado en sutilezas teológicas y objeto de las críticas de prestigiosos maestros como Guillermo de Saint-Amour, que hubo de exiliarse del reino por mandato del monarca[49]. Los méritos del rey como modelo de gobernante habría que situarlos en otros terrenos. En el de la administración de justicia, por ejemplo, según las visiones más áulicas.

Para la segunda mitad del siglo XIV, Carlos V de Francia será conocido como *le Sage*, término que, vertido al castellano, tiene el significado de «sabio», pero también el de «prudente», «mesurado», «sensato»[50]. Todo un contraste con la mentalidad caballeresca —y,

---

[47] Cfr. títulos como R. Pernoud, *Le siècle de saint Louis,* París, 1970, o el capítulo III («Le "siècle" de Saint Louis») de la síntesis de P. Labal *Le siècle de Saint Louis, op. cit.,* en donde se analizan las fragilidades y contradicciones de una época y de un rey, págs. 91-126. Añádase a todo ello la renovadora obra de J. Le Goff, *Saint Louis,* París, 1996.

[48] Impulsor de dos cruzadas: hacia Egipto, en 1248, y hacia Túnez, en 1270, concluidas ambas en rotundos fracasos.

[49] J. Verger, *Les universités au Moyen Âge, op. cit.,* págs. 88-92.

[50] Cfr. voz «Sage», en *Petit Robert. Dictionnaire de la langue française,* 1, ed. de 1985, pág. 1750. El término «Savant», por su parte, se aplica a lo cultivado, docto, erudito; *ibíd.,* pág. 1771. La figura del monarca gozó de la muy favorable

por ende, primariamente guerrera— de sus oponentes políticos: el rey de Inglaterra Eduardo III o su primogénito Eduardo de Gales, «el Príncipe Negro». Esa diferencia de caracteres, a la larga, le permitirá a Carlos salir de la postración militar a la que su reino se había visto abocado bajo los gobiernos anteriores de Felipe V y Juan II. La que fue hija del astrólogo y médico del monarca Tommaso da Pizzano, Cristina de Pizan (cuya mayor fama vendría de una sugestiva utopía feminista: *La ciudad de las damas)*[51], fue autora también de una hermosa evocación de Carlos V. No es tanto una biografía del rey como una suerte de manual para príncipes y gobernantes en el que se destacan el valor y la mesura (nunca iracundo)[52] que le permitieron ejercer buen gobierno: «Nunca los príncipes, los nobles, los clérigos, los burgueses, los artesanos y el pueblo menudo han sido tan ricos y tan bien provistos como hoy»[53].

A TÍTULO DE CONVENIENTE COLOFÓN

Esta obra de Cristina de Pizan bien pudiera figurar en el conjunto de los llamados «Espejos de Príncipes», un género de escasa originalidad en el que se insiste en las cualidades (o mejor ¿virtudes?) que deben aureolar a un gobernante (cristiano). Sería una elemental muestra del tipo de preocupaciones que, en relación con la *res publica,* se hallaban extendidas en ciertos sectores cultos de la sociedad... Y una muestra también de las limitaciones que los constreñían.

Valgan algunos ejemplos.

---

semblanza de Cristina de Pizan con su *Le livre des fais et bonnes moeurs du sage roi Charles V,* ed. de S. Solente, París, 1936-1941, 2 vols.

[51] Dos ediciones en castellano hay de esta obra: la que corre a cargo de M. J. Lemarchand, *La ciudad de las damas,* Madrid, 1995, y la posterior: *La ciudad de las mujeres.*

[52] *Le livre des Faits et Bonnes moeurs du roi Charles le Sage,* ed. de E. Hicks y T. Moreau, París, 1997, pág. 71.

[53] *Ibíd.,* pág. 143.

El más imitado y adaptado a diversas situaciones lo facilitará Gil de Roma (Egidio Romano) con su *De regimine principum,* dedicado (1285) a la educación del que había de ser Felipe IV el Hermoso, rey de Francia. Un monarca que, precisamente, se rebelaría con los años como un temible rival del papa Bonifacio VIII. Pero Egidio, en el fondo un teócrata, escribiría en 1301 un *De cclesiastica potestate* en donde con pretendida exposición serena proclama la preeminencia espiritual y temporal del papa ateniéndose a los argumentos más al uso[54].

Por los mismos años, Juan Gil de Zamora, antiguo estudiante en París y hombre versado en diversos saberes —medicina, historia, música, poesía, ciencia política—, se incorporaba a la corte de Alfonso X y daba a la luz un *De Preconiis Hispaniae* para la educación del futuro Sancho IV[55]. En él se valió de distintos materiales, entre ellos, leyendas sobre el Cid y textos utilizados en la elaboración de lo que conocemos como *Primera crónica general de España.* Años más tarde, y para la educación del que sería Pedro I, fray Juan de Castrojeriz llevaría a cabo una tarea similar[56].

Los *Espejos,* objeto frecuente del interés de los investigadores[57], pueden aparecer empotrados en los más variados escritos. Los testamentos morales de algunos reyes, como Fernando III de Castilla-León[58] o su primo Luis IX de Francia[59], se prestarán magníficamente a este tipo de ejercicios, que tienen mucho de nutrientes de la hagiografía. Bajo el reinado de este último, el ubicuo Vicente de Beauvais redactaría un texto dedicado al rey Teobaldo de Navarra

[54] Cfr. el clásico de M. Pacaut, *La Théocratie. L'Église et le pouvoir au Moyen Âge,* París, 1957, págs. 182-184.

[55] Juan Gil de Zamora, *De preconiis Hispaniae o Educación del Príncipe,* ed. de J. L. Martín y J. Costas, Zamora, 1996.

[56] Fray Juan de Castrojeriz, *Glosa castellana al Regimiento de Príncipes de Egidio Romano,* ed. de J. Beneito, Madrid, 1947.

[57] Véase a título de ejemplo D. Bizarri, «Sermones y espejos de príncipes castellanos», *Anuario de Estudios Medievales,* 42 (1), 2012, págs. 163-181.

[58] R. Menéndez Pidal (ed.), *Primera crónica general de España,* Madrid, 1977, págs. 770-773.

[59] Cfr. Joinville, *Vie de Saint Louis,* ed. de J. Monfrin, París, 1995, págs. 367 y ss.

y, por extensión, a los que «residen en la corte o que fuera de ella sirvan a la administración del Estado, a cada uno según corresponde a su posición»[60].

Habrá que recorrer un largo trecho aún (los primeros años del siglo XVI) para que el ejercicio del poder sea entendido como la aplicación de una técnica independientemente de los tradicionales preceptos morales. Lo que acabe imperando serán los dictados de la necesidad, que llevarán en ocasiones al príncipe a actuar contra la verdad y la caridad a fin de mantener su gobierno[61].

En ese terreno, la evolución de la narrativa histórica tendrá también algo que decir.

---

[60] Vicente de Beauvais, *De la formación moral del príncipe,* ed. de C. T. Pabón de Acuña, Madrid, 2008, pág. 3.

[61] Q. Skinner, *Maquiavelo,* Madrid, 1984, págs. 52-53.

Segunda parte

La historiografía del Occidente medieval: ¿un especial ejercicio del intelecto?

Capítulo 7

El agustinismo y sus derivaciones: una recurrente filosofía de la historia

¿Qué hacer y dónde situar, dentro del mundo intelectual, esa otra gran pléyade: la de cronistas-historiadores del Medievo?[1]. Algunos de ellos tendrán especial relevancia, y su vida discurrió en ocasiones con anterioridad a ese simbólico siglo XII.

Visión y entendimiento del pasado: san Agustín, una raíz para el sentido cristiano de la Historia

Con referencia a la llamada comúnmente «filosofía de la historia», ¿hasta dónde los cristianos del Occidente dieron sentido propio

---

[1] Útiles guías para verificar ese proceso en B. Lacroix, *L'Historien au Moyen Âge*, Montreal/París, 1974; B. Guenée, *Histoire et culture historique dans l'Occident médiéval*, París, 1980; D. Hay, *Annalists & Historians. Western Historiography from the VIIIth to the XVIII Century*, Londres, 1977; E. Mitre, *Historiografía y mentalidades históricas en la Europa Medieval*, Madrid, 1982, o C. Orcástegui y E. Sarasa, *La Historia en la Edad Media. Historiografía e historiadores en Europa occidental, siglos V-XIII*, Madrid, 1991.

al discurrir del pasado humano en función de un origen, una marcha y una meta?[2].

A propósito de la periodización de este pasado definido como *distinctio temporum* o «las edades del mundo», el cristianismo asumió la idea de la sucesión de cuatro imperios, transmitida en el sueño del profeta Daniel (quizás de una tradición persa): relevo de cuatro grandes poderes, simbolizados en otras tantas terribles bestias, la última de las cuales (tras el león, el oso y el leopardo) acabaría devorando la tierra[3].

La trayectoria de Agustín de Hipona (354-430), recogida en un magistral trabajo autobiográfico, será durante muchos años la de una turbulenta juventud y un largo caminar entre diversas formas de paganismo. Tras militar en el maniqueísmo —en donde no parece haber superado la categoría de mero oyente—, derivaría a un cierto indiferentismo: «Ya no era maniqueo, aunque tampoco católico cristiano»[4]. A la postre (386), y por influjo de su madre Mónica, una ferviente católica, y de su mentor, el obispo Ambrosio de Milán, se producirá el gran cambio con la recepción del bautismo. Famosa será esa voz —*¡tolle, lege!*— que le llevará a seguir los consejos paulinos (Rm. 13, 13 ss.):

> Así pues, me apresuré a acudir al sitio donde se encontraba sentado Alipio. Allí había dejado el códice del Apóstol cuando de allí me levanté. Lo cogí, lo abrí y en silencio leí el primer capítulo que me vino a los ojos: Nada de comilonas ni borracheras; nada de lujurias ni desenfrenos, nada de rivalidades y envidias. Revestíos más bien del Señor Jesucristo y no os preocupéis de la carne para satisfacer sus concupiscencias. No quise leer más ni era preciso[5].

---

[2] Sobre esta cuestión existe un viejo libro aún de útil consulta: el de K. Löwith, *El sentido de la Historia. Implicaciones teológicas de la filosofía de la historia,* Madrid, 1968 (original de Chicago de 1954).

[3] Véase B. Guenée, *Histoire et culture historique dans l'Occident médiéval, op. cit.*, págs. 148 y ss.

[4] San Agustín, *Confesiones,* ed. de J. Cosgaya, Madrid, 2000, pág. 163.

[5] *Ibíd.*, págs. 266-269.

Obispo de Hipona, Agustín se rebelará como ardiente luchador contra toda forma de paganismo o de disidencia religiosa dentro del cristianismo. Una de sus obras menores la constituirá precisamente una relación de todos los errores que se habían producido dentro del cristianismo, desde sus orígenes, con la figura de Simón el Mago, hasta su época con los pelagianos, a quienes Agustín combatió insistentemente. En total, ochenta y ocho herejías[6]. Según un viejo y excelente especialista en el personaje, san Agustín tuvo el mérito de hacer a la Iglesia latina dueña de su pensamiento[7]. De forma mucho más distendida, podríamos añadir que el prolífico obispo de Hipona encarnaría *avant la lettre* la imagen de un menendezpelayesco martillo de herejes.

Entre su extensa producción cabe destacar, para el tema que concierne a este capítulo, su percepción del momento crítico por el que el Imperio Romano en Occidente pasó en sus días de decrepitud. Al saqueo de Roma por los visigodos de Alarico en 410 —hecho que causó especial impacto en todo el mundo mediterráneo— Agustín trató de restarle dramatismo. Destacaría para ello el respeto que el caudillo bárbaro y los suyos tuvieron hacia las gentes —paganos incluidos— que se refugiaron en las iglesias:

> Deberían por la misma causa, estos vanos impugnadores atribuir a los tiempos en que florecía el dogma católico, la particular gracia de haberles hecho merced de sus vidas los bárbaros, contra el estilo observado en la guerra, sin otro respeto que, por indicar su sumisión y reverencia a Jesucristo, concediéndoles ese singular favor en cualquier lugar que los hallaban, y con especialidad a los que se acogían al sagrado de los templos dedicados al augusto nombre de nuestro Dios[8].

---

[6] Véase E. Mitre, *Ortodoxia y herejía entre la Antigüedad y el Medievo,* Madrid, 2003, págs. 74-75.

[7] H. I. Marrou, *Saint Augustin et la fin de la culture antique,* París, 1949, pág. 697. Discípulo de este autor, J. Fontaine ha destacado una suerte de trilogía dentro de la abundante producción escrita agustiniana: *De civitate Dei,* las *Confesiones* y el *De Trinitate,* básica esta última obra para una definición del principal dogma de la ortodoxia católica. J. Fontaine, *La littérature latine chrétienne,* París, 1970, págs. 99-100.

[8] San Agustín, *La ciudad de Dios,* ed. de F. Montes de Oca, México, 1978, págs. 3-4.

Veinte años más tarde, los vándalos de Genserico cruzarían el Mediterráneo. En el mismo 430, Agustín moría en su diócesis de Hipona cuando los invasores empezaban a hacer su entrada en ella. Era el golpe de gracia para el África romana tal y como hasta entonces venía siendo considerada.

Gran predicamento alcanzaría en el Medievo esa idea de una marcha de la humanidad que Agustín sintetizó en su *De civitate Dei:* siete etapas simbolizadas en los seis días de la creación, a los que se sumaría ese séptimo día de descanso perpetuo no solo del alma sino también del cuerpo[9]. Frente al fatalismo astral de los paganos, Agustín sostiene que «Dios es el espíritu de vida que vivifica todas las cosas», con lo que la providencia se erige en orientadora del hombre[10]. Ello en el marco de una larga y dramática batalla: la que permanentemente enfrenta a dos comunidades humanas: la de los hijos de la carne y la de los hijos de la promisión. «A esto llamamos también místicamente dos ciudades, es decir dos sociedades, de las cuales la una está predestinada para reinar eternamente con Dios, y la otra para padecer eterno tormento con el demonio y este es el fin principal de ellas»[11].

Agustín tenía conciencia de vivir un tiempo postrero cuya duración no era fácil determinar. En su caso concreto, se marcaba con la desaparición del África romana[12]. Un dramático episodio, entre otros muchos, padecido por un mundo romano que, en el Occidente al menos, amenazaba con una franca desintegración. Forzosamente debían verse impactadas aquellas mentes más despiertas que vivieron bajo una doble presión. De un lado, la de los dramas internos —*hostes domestici*—, representados por los conflictos sociales, las querellas políticas y la pugna entre las diferentes tendencias religiosas. De otro estaban los peligros venidos del exterior —*hostes extranei*—, personificados en los pueblos genéricamente designados «bárbaros»[13].

---

[9] *Ibíd.,* págs. 602-603.

[10] *Ibíd.,* pág. 109.

[11] *Ibíd.,* págs. 332-333.

[12] P. Brown, *Agustín,* Madrid, 2001, págs. 436 y ss.

[13] Cuestión magistralmente tratada en una vieja, y aún de actualidad, obra de S. Mazzarino, *El fin del mundo antiguo,* México, 1961.

Bajo inspiración agustiniana, el presbítero hispano Paulo Orosio redactaría un texto que habría de tener una fuerte influencia en el discurrir historiológico del Medievo. En su balance final dirá:

> De acuerdo con tu precepto, bienaventurado padre Agustín, he mostrado con la ayuda de Cristo, y con la mayor brevedad y sencillez con que he podido, las pasiones y castigos de los pecadores, los conflictos del mundo y los castigos y designios de Dios, desde el comienzo del mundo hasta nuestros días, separando, sin embargo, los tiempos cristianos, por la mayor presencia gratífica de Cristo en ellos, de los confusos siglos de la incredulidad[14].

* * *

El impacto del *De civitate Dei* sería inmenso a lo largo de los siglos. De su lectura, sectores del mundo de la política y de la politología sacaron la conclusión de que el texto del padre norteafricano podía ser considerado todo un tratado para la praxis y la reflexión políticas. Simplificando las cosas, la ciudad terrestre la representaría el Estado, y la celestial, la Iglesia, frecuentemente en tensión a lo largo de la historia[15]. Sin embargo, la intención de Agustín —en esta obra y en su producción en general— no era tanto la de juzgar la vida pública como la de combatir los errores de las doctrinas consideradas heréticas. Que las dos ciudades agustinianas fueran comunidades místicas no impediría, sin embargo, que el *De civitate Dei* fuera tomado con el tiempo como fuente de inspiración para una «absorción del derecho natural del estado en el derecho eclesiástico»[16].

---

[14] Orosio, *Historias,* ed. de E. Sánchez Salor, vol. II, Madrid, 1982, págs. 281-282.

[15] Fundamental en su día fue el estudio de H.-X. Arquillière, *L'augustinisme politique. Essai sur la formation des théories politiques du Moyen Âge,* París, 1955 (revisa y aumenta la edición de 1933). De gran interés para esta temática es también la obra de M. García-Pelayo, *El reino de Dios, arquetipo político. (Estudio sobre las formas políticas de la Alta Edad Media),* Madrid, 1959.

[16] H.-X. Arquillière, *L'augustinisme politique..., op. cit.,* pág. 152. Algunas consideraciones sobre el tema las recogimos en E. Mitre, *Una primera Europa, op. cit.,* págs. 184-192.

¿Historia en general o historia de la Iglesia triunfante en la tierra?

La transformación político-religiosa del Imperio Romano desde finales del siglo III hasta finales del siglo IV resulta auténticamente revolucionaria. De perseguidor del cristianismo bajo Diocleciano y sus colaboradores, el Imperio pasará a convertirse en su favorecedor e incluso su oficializador entre los gobiernos de Constantino y Teodosio[17]. El obispo Eusebio de Cesarea (c. 263-339), turiferario del primero, popularizaría toda una forma de enfocar la historia a través de los diez libros que componen su *Historia eclesiástica.* Un texto que cubre el discurrir de la Iglesia desde su fundación hasta la victoria de Constantino sobre Licinio en 324. La expresión «Historia eclesiástica» acabaría identificando una Historia de la Iglesia no solo en el sentido que viene reconociéndose, sino también con una mentalidad histórica cargada de sentido apologético. Supondría la marcha del género humano —en su totalidad o en cada uno de los diversos países— desde sus orígenes hacia (Agustín de Hipona mediante) ese universal triunfo del reino de Dios[18].

El establecimiento progresivo, durante el siglo V, de un conjunto de pueblos germánicos en la *pars occidentis* del Imperio Romano[19]

---

[17] Dos personajes —especialmente el primero— objeto de gran controversia entre los historiadores. Útiles, en este sentido, son los cercanos trabajos de P. Veyne, *El sueño de Constantino. El fin del mundo pagano y el nacimiento del mundo cristiano,* Barcelona, 2008, y G. Bravo, *Teodosio. Último emperador de Roma, primer emperador católico,* Madrid, 2010.

[18] Sobre la distinción entre Historia de la Iglesia e Historia eclesiástica me pronuncié en E. Mitre, «Historia eclesiástica e historia de la Iglesia (una óptica para el medievalismo)», en el coloquio *La Iglesia en el mundo medieval y moderno* (coord. por María de los Desamparados Martínez San Pedro y Dolores Segura del Pino), Almería, 2003, págs. 13 y ss.

[19] Un proceso migratorio que, de forma un tanto convencional, viene denominándose «invasiones». Véanse, con el margen de bastantes años, dos trabajos de divulgación aparecidos en los últimos decenios: E. Mitre, *Los germanos y las grandes invasiones,* Bilbao, 1968, y C. Azzara, *Las invasiones bárbaras,* Granada, 2004.

sería también fundamental en ese camino transformador (y adaptador) en lo que al cristianismo se refiere. Ello merced a la conversión a la ortodoxia católico-nicena de las distintas monarquías bárbaras ostentadoras del poder efectivo ya desde antes del destronamiento (476) de Rómulo Augústulo, último emperador —nominal tan solo— romano en Occidente. Proceso religioso que en algunos casos, como el de los visigodos, o el más tardío de los lombardos, se daría tras un intermedio en la heterodoxia arriana; en otros directamente desde el paganismo, caso de los francos de Clodoveo o de los heptarcas anglosajones. Significativo será el título que Beda († 735) dé a su principal obra: *Historia Ecclesiastica gentis anglorum*[20].

Se da por hecho, desde el punto de vista teológico, que la Iglesia es un cuerpo triforme: iglesia militante en la tierra, purgante en el purgatorio y triunfante en los cielos[21]. Pero, desde el punto de vista historiológico, los ideólogos del Medievo —los clérigos convertidos en «intelectuales orgánicos»— podían anticipar ese triunfo ya en la tierra merced a la extensión de la ortodoxia cristiana en los Estados surgidos de las ruinas del Imperio Romano en Occidente.

* * *

A esas raíces eusebianas, agustinianas —y, si lo deseamos, también orosianas—, en lo referente a marcha y periodización en el discurrir de la historia, se añadirían, especialmente desde el siglo XII, otros aportes en clave de marcada trascendencia mística. Es el caso de ese conjunto de visiones de Hildegarda de Bingen, para quien a la plenitud de los tiempos se llegaría tras cinco cruentas edades de los reinos del mundo[22]. O de la visión del obispo Otón de Freising,

---

[20] Clave para el conocimiento de ese proceso lo fueron hace años las participaciones de destacados especialistas de la materia en la jornada *La conversione al cristianesimo nell'Europa dell'Alto Medioevo,* Spoleto (XIV Settimana), 1966 (edición Spoleto, 1967).

[21] G. Colzani, *La comunión de los santos. Unidad de cristología y eclesiología,* Santander, 1983, pág. 25.

[22] Hildegarda de Bingen, *Scivias: Conoce los caminos, op. cit.,* págs. 457 y ss.

tío del emperador Federico Barbarroja[23]. Su *Chronicon de duabus civitatibus* —significativo título de influencia agustiniana— presenta el Imperio Romano —reflejo en este caso de la ideología de Eusebio de Cesarea— como la estructura necesaria para preparar la venida del Hijo de Dios. La *civitas Dei* va estructurándose institucionalmente en lo que será la Iglesia. En conjunción con el Imperio, dará pie a una suerte de *civitas permixta* en la que no faltarán tensiones producto de unas relaciones frecuentemente tortuosas entre papas y emperadores de entre las que destacaría por su particular dramatismo la excomunión del emperador Enrique IV por el papa Gregorio VII[24].

Quedan por recordar, sin embargo, otros aportes de mucho más impacto.

El trinitarismo historiológico y sus derivaciones

El más llamativo vendrá de la producción del monje Joaquín de Fiore, muerto en 1202 tras recibir el apoyo de algunos papas y de gente poderosa del mundo de la política. Sus tres magnas obras —*Salterio de las diez cuerdas, Libro de la concordia del Antiguo y el Nuevo Testamento* y el *Comentario al Apocalipsis*— darían pie a diferentes especulaciones en torno a un orden nuevo en una época nueva[25]. Aunque

---

[23] Del que redactó una historia completada por un canónigo: Otto de Freising y Rahewin, *Gestas de Federico Barbarroja,* ed. española de E. Sánchez Salor, Cáceres, 2016.

[24] Una visión de estos problemas la recoge M. García-Pelayo, *El reino de Dios, arquetipo político, op. cit.,* págs. 55-56.

[25] Para este último texto (escrito entre 1184 y 1187), es de interés la versión recogida por C. Carozzi y H. Taviani-Carozzi en *La fin des temps. Terreurs et prophéties au Moyen Âge,* con prefacio de G. Duby y traducciones y postfacio de los autores, París, 1982, págs. 93-148. De entre la abundante bibliografía sobre este fascinante personaje, una ordenada síntesis la facilitan M. C. West y S. Zimdars-Swartz, *Joaquín de Fiore. Una visión espiritual de la historia*, México, 1986. Algunas reflexiones sobre estas materias las recogimos hace ya muchos años en E. Mitre, *Historiografía y mentalidades históricas en la Europa medieval, op. cit.,* págs. 97 y ss.

Joaquín gozó en vida de un amplio reconocimiento, incluso de una fama de santo que se trasladó a la posteridad («El abate Joaquín el Calabreto / en quien de revelar don se venera»)[26], su figura y su obra darían pie a movimientos con una fuerte carga de profundidad. Ya en 1215 fue objeto de reprobación en el IV Concilio de Letrán por defender posiciones en torno a la unidad o esencia de la Trinidad contrarias a las recogidas por Pedro Lombardo[27].

Pero sería más adelante —mediados del siglo XIII— cuando las ideas del abad de Fiore constituirían un arma letal en manos del maestro franciscano de París Gerardo di Borgo San Doninno, joaquinita fanático y autor de un *Liber introductorius in Evangelium aeternum.* Al año 1260 —momento en que se produjo un amplio movimiento de penitentes flagelantes en Italia— se le daría un valor escatológico especial. Así se recoge en testimonios de la época:

> Este mismo año, según la doctrina del abad Joaquín, debía marcar una etapa. El abad dividió el mundo, en efecto, en tres estados: el primero es el estado del mundo de manera misteriosa *(in primo statu saeculi proprietate misteri);* es el Padre quien actúa a través de los patriarcas y de los profetas, aunque las obras de la Trinidad sean indivisibles. El segundo estado es el del Hijo, que obra a través de los apóstoles y los hombres apostólicos. Es el sujeto que el Hijo dice en el Evangelio (Jn. 5, 17): «Mi Padre ha obrado hasta ahora; yo soy el que ahora obra». En el tercer estado actuará el Espíritu Santo a través de los religiosos. He aquí lo que dijo el abad Joaquín de la orden de Flore. Este tercer estado se dice que empieza con esta flagelación del año 1260, III indicción, cuando los que se flagelaban se llamaban «Voz de Dios» y no del hombre[28].

---

[26] Según invoca Dante, *Divina Comedia,* «Paraíso», XII, 140-141.

[27] «Decretos del IV Concilio de Letrán», en apéndice a R. Foreville, *Lateranense IV,* Vitoria, 1973, págs. 117-118.

[28] «Crónica de Fra Salimbene de Adamo», *Monumenta Germaniae Historica Scriptores, op. cit.,* págs. 465-466; recogido por Ch. de la Roncière, Ph. Contamine, R. Delort y M. Rouche, en *L'Europe au Moyen Âge,* t. 2, *Fin IX siècle-fin XIII siècle, op. cit.,* pág. 341.

Pasar de la pura especulación historiológica de cariz espiritual —un juego de minorías en el fondo— a elaborar discursos trufados de vago mesianismo sociológico no requería dar muchos pasos, una circunstancia que la Iglesia establecida no estaba dispuesta a tolerar, más aún cuando se invocaba la sustitución de un papado institucional por otro puramente espiritual y angélico[29]. Así, la esperanza en una cercana edad del Espíritu acabó convirtiéndose en un destacado mito movilizador con una gran capacidad de propagación en el Occidente europeo[30].

Y más allá de los estrictos límites del Medievo, el joaquinismo, en su interpretación más radical, inspiraría a la figura de un Thomas Münzer, el «teólogo de la revolución»[31]. Sería el reformador popular opuesto tanto al papalismo como al programa reformador de Lutero, cuya materializazción este confió a los príncipes alemanes. La edad del Espíritu sería la característica de una nueva alternativa frente a la razón y el poder que garantizaba a los fieles la seguridad de su propia elección[32].

---

[29] Para estos particulares movimientos contamos con un viejo pero todavía útil libro, el de N. Cohn, *En pos del milenio, op. cit.* (sobre la edición ampliamente revisada por el autor de 1969).

[30] Para el caso de la España de finales del Medievo contamos con un movimiento singular: el de los herejes de Durango, que dispone de una amplia bibliografía. Conviene destacar la voluminosa y notable monografía de I. Bazán, *Los herejes de Durango y la búsqueda de la Edad del Espíritu Santo en el siglo* XV, Durango, 2007.

[31] Véase el clásico de E. Bloch, *Thomas Münzer, teólogo de la revolución,* Madrid, 1968, pág. 20.

[32] J. H. Yoder, «Los entusiastas y la reforma protestante», *Concilium,* 1979, pág. 217.

Capítulo 8

Unos cambios en la percepción del discurrir de la historia: del medievalismo al protomodernismo

Cabría hacerse inicialmente una pregunta un tanto generalista: ¿estamos en la historiografía medieval ante una actividad *precientífica* escasamente relacionada con el ejercicio propiamente intelectual?[1].

Como bien reconocía un destacado historiador británico, «la historiografía como rama del saber académico fue producto del siglo XIX. Pero la investigación de los textos narrativos de las distintas épocas del pasado no avanzó con la misma velocidad». Los autores de la Edad Media, en efecto, no fueron acogidos con la misma simpatía que los de época clásica o moderna[2].

---

[1] Como, por ejemplo, se ha dicho de la geografía: precientífica antes de A. Humboldt y K. Ritter y científica (moderna) a partir de estos dos eminentes autores, interesados ya no tanto en describir como en *comprehender.* Véase R. Clozier, *Histoire de la Géographie,* París, 1960, especialmente págs. 9 y 90 y ss.

[2] R. B. Tate, «El cronista real castellano durante el siglo quince», *Homenaje a D. Pedro Sainz Rodríguez,* Madrid, 1986, III, pág. 659.

Fuerzas y marcos encuadradores de la historiografía medieval: el impulso eclesiástico y el impulso civil

Durante siglos, y dentro de las pautas historiológicas agustinitas, las iniciativas de signo cronístico-narrativo más solventes correrán a cargo de autores ligados al mundo eclesiástico. De ahí la alta proporción en la transición al Medievo de miembros del clero secular: el presbítero Paulo Orosio o los obispos Idacio de Chaves, Gregorio de Tours o Isidoro de Sevilla[3]. Y de ahí también el papel de influyentes personajes del episcopado en la plenitud medieval: el mencionado Otón de Freising o los españoles Lucas de Tuy y Rodrigo Jiménez de Rada.

Con Beda el Venerable a comienzos del siglo VIII contaremos ya con un ciclo de relevantes monjes implicados en tareas historiográficas, en este caso referidas a su país: la Inglaterra del temprano Medievo marcada por la simbólica heptarquía de reinos de anglos, jutos y sajones progresivamente convertidos a la fe cristiana[4]. Todo un anticipo de una historia nacional que, ya en la plenitud medieval, contará con auténticos «talleres historiográficos»: Saint Albans en Inglaterra, Saint-Denis en Francia o Ripoll en Cataluña.

Para la mentalidad cristiana condicionada frecuentemente por ese acentuado clericalismo, la historia era en sus líneas generales una sierva de la teología *(ancilla theologiae).* Con el tiempo, y a través de distintas influencias, la historia empezaría a convertirse en sierva de la política *(ancilla scientiae politicae)*[5]. Historias de reyes y reinados (y patrocinio de los reyes) marcarían un paso en esa dirección.

---

[3] Autor, hay que recordar, enormemente influyente a quien dedicó una de sus últimas obras el gran especialista en el personaje J. Fontaine, *Isidoro de Sevilla. Génesis y originalidad..., op. cit.*

[4] Cfr. la manejable Beda, *A History of the English Church and People, op. cit.*

[5] B. Guenée, *Histoire et culture historique dans l'Occident médiéval, op. cit.,* pág. 36.

Tomemos un ejemplo que nos resulta familiar: el de la producción cronística de la península ibérica[6].

El mundo cultural alfonsí como «secularizador» del impulso historiográfico

Desde un ámbito más civil, y tomando como referencia el mundo peninsular ibérico, nos encontraremos con las iniciativas de algunos monarcas como Alfonso X y sus sucesores en Castilla o Pedro IV en Aragón.

Diego Catalán defendió la figura de Alfonso X como la de un incipiente secularizador (y modernizador, cabría añadir) de la historiografía al abandonar el latín, «entronizar como lengua de la nueva cultura laica el castellano» y convertir la historia nacional no tanto en la de un pueblo como en la de un territorio[7]. Los reinados sucesivos, con sus peripecias políticas y la humanidad de sus protagonistas, con sus grandezas y sus debilidades, irán fortaleciendo una visión del acontecer histórico que abre brecha en el monopolio de viejas pautas[8]. Los dos grandes esfuerzos historiográficos del monarca castellano estarán, sin embargo, marcados por dos modos diferentes de escribir la historia: la actitud *devota* ante la fuente en la *General Estoria* y la más *irreverente* de la *Estoria de España,* ligadas a las diversas técnicas de traducción, selección y combinación de fuentes[9].

---

[6] Hace algunos años, con un sentido muy crítico y rompedor de consagrados esquemas, el autor anglosajón P. Linehan dio a la luz su *History and the Historians of Medieval Spain,* Oxford, 1993.

[7] D. Catalán, *La Estoria de España de Alfonso X. Creación y evolución,* Madrid, 1992, págs. 142-143.

[8] Caso que en la Castilla de la segunda mitad del XIV simbolizará el canciller y cronista Pero López de Ayala, autor de las crónicas de Pedro I, Enrique II, Juan I y primeros años del reinado de Enrique III. Véanse las páginas a ellas dedicadas por una de las mayores especialistas actuales en la obra del personaje: M. García, *Obra y personalidad del Canciller Ayala,* Madrid, 1983, págs. 100 y ss.

[9] Cfr. algunos trabajos de una de las mejores conocedoras de la labor historiográfica del monarca castellano: P. Fernández-Ordóñez, con títulos como *Las Esto-*

Ante todo un escrupuloso compilador[10], el Rey Sabio se afanó en transmitir a sus lectores la fiabilidad de su obra por apoyarse, en algunos casos, en la autoridad de escritores cercanos cronológicamente a él, y en otros, en los de un pasado remoto objeto de universal respeto:

> E por ende Nos don Alfonsso [...] fijo del muy noble rey don Fernando et de la reyna donna Beatriz, mandamos ayuntar quantos libros pudimos auer de istorias en que alguna contassen de los fechos dEspanna, et tomamos de la crónica dell Arçobispo don Rodrigo que fizo por el mandado del rey don Ffernando nuestro padre, et del maestre Luchas, Obispo de Tuy, et de Paulo Orosio, et de Lucano, et de sant Esidro el primero, et de sant Alffonso, et de sant Esidro el mancebo, et de Idacio, obispo de Gallizia, et de Sulpicio obispo de Gasconna, et de los otros escriptos de los concilios de Toledo, et de Jordan, chanceller del sancto palacio, et de Claudio Tholomeo, que departió del cerco de la tierra meior que otro sabio fasta la su sazón, et de Dion que escriuió uerdadera estoria de los godos, et de Pompeyo Trogo, et dotras estorias de Roma las que pudiésemos auer que contasssen algunas cosas del fecho d'Espanna, et compusimos este libro de todos los fechos que se fallar se pudieron de ella, desde tiempo de Noé fasta este nuestro[11].

Aparte de este mérito, Alfonso X tuvo el de inculcar a sus descendientes, Alfonso XI en un lugar de honor, el afán de indagar sobre historia de España. Un cronista como Fernán Sánchez de Valladolid lo plasmaría, aunque con discutida brillantez, y en relación con los reinados del Rey Sabio, de Sancho IV y Fernando IV, en el

---

rias de Alfonso el Sabio, Madrid, 1992, pág. 97, o «Evolución del pensamiento alfonsí y transformación de las obras jurídicas e históricas del Rey Sabio», *Cahiers de Linguistique Hispanique Médiévale,* 23, 2000, págs. 263-283.

[10] G. Martin, «Cinq opérations fondamentales de la compilation: l'exemple de l'Histoire d'Espagne (étude segmentaire)», en J.-P. Genet (ed.), *L'historiographie médiévale en Europe,* París, 1991, págs. 99-109.

[11] R. Menéndez Pidal (ed.), *Primera crónica general de España, op. cit.,* pág. 4.

ciclo conocido como *Las Tres Corónicas*[12]. Y posiblemente también en la inacabada *Crónica de Alfonso XI,* monarca merecedor asimismo de un elogioso poema[13].

El otoño de la Edad Media en Occidente: ¿también otoño para una historiografía?

Entre los cronistas-historiadores del Bajo Medievo contaremos con brillantes narradores, como el muy conocido Jean Froissart con relación a la segunda mitad del siglo XIV. Tanto él como sus sucesores en el siguiente siglo se verán condicionados por los cambios que la evolución social, política, militar y cultural del Occidente iba imponiendo[14]. Como bien es sabido, importante telón de fondo lo constituirá ese conflicto o cadena de conflictos que conocemos como Guerra de los Cien Años.

Heredero de Froissart se sentiría el picardo Enguerrand de Monstrelet, quien, en su retiro de Cambrai, redactaría unas *Crónicas* con la intención de registrar «los muy nobles y altos hechos de armas realizados por los valientes hombres de armas, tanto los salidos de nobles casas como los de mediano y bajo estado».

Jean Juvenel des Ursins, magistrado de París, capellán de Carlos VII y arzobispo de Reims, será autor de una crónica de Carlos VI que cubre el periodo entre 1380 y 1422. Tomás Basin, obispo de Lisieux, hará lo propio con su *De rebus gestis Caroli VII et Ludovici XI.*

---

[12] Recogidas en *Crónicas de los Reyes de Castilla,* BAE, vol. 66, Madrid, 1953. Para Alfonso X hay una posterior edición mucho más depurada a cargo del profesor Manuel González Jiménez, *Crónica de Alfonso X,* Murcia, 1998.

[13] D. Catalán, «La historiografía en verso y en prosa de Alfonso XI a la luz de nuevos textos», *Boletín de la Real Academia de la Historia,* 1964, págs. 79-116, y 1965, págs. 55-87.

[14] Cambios también en cuanto a una percepción del tiempo que —tanto en su obra histórica como en la de otra naturaleza— va más allá del mero narrativismo. Cfr. M. Zink, *Froissart et le temps,* París, 1998. Véase también D. Hay, «History and historians in France and England during fifteenth century», *Bulletin of the Institute of Historical Research,* 35, 1962, págs. 111-127.

Carlos VII, bajo cuyo reinado serán expulsados los ingleses de Francia y se pondrá fin a la Guerra de los Cien Años, contará también con otras semblanzas biográficas: la de Jean Chartier y la de Gilles le Bouvier[15].

El gran historiador del pasado siglo que fue J. Huizinga nos recordó que en el Bajo Medievo una realidad áspera y cruel es sometida «al bello juego del ideal caballeresco y se edifica sobre este el juego de la vida»[16], con lo que lo heroico es sustituido muchas veces por el artificio de lo heroico. De ahí el contraste que se da entre las miserias de una guerra generalizada que muchas veces se menciona muy sumariamente y la narración de esas hazañas —según imponían Froissart y sus seguidores—, que fija toda una filosofía de culto al héroe, por lo general un «señor de la guerra» en el más crudo sentido de la expresión.

Contaríamos, así, con la *Vida y hechos de armas del muy noble príncipe de Gales y de Aquitania,* el heredero de la corona inglesa (conocido como el Príncipe Negro), biografía posiblemente redactada hacia 1386 por el heraldo de armas de John Chandos, compañero del príncipe. Para época posterior son buenos ejemplos *Le livre des faicts du maréchal Boucicaut,* quien, muerto en 1421, es presentado como un «personaje leal, piadoso y culto»[17]. A Juana de Arco, personaje sumamente sugestivo, dedicaría su última obra Cristina de Pizan, retirada en el monasterio de Poissy desde 1418: el *Ditié de Jehanne d'Arc,* en donde, más allá de la *realpolitik,* triunfan el entusiasmo y el sentido profético[18].

Humanas y sentidas serán también las obras de dietaristas y memorialistas. Entre las primeras destaca, para toda la primera mitad del siglo xv, el conocido como *Diario de un burgués de París a finales de la*

[15] Tal y como recogimos en nuestra síntesis, E. Mitre, *La Guerra de los Cien Años,* Madrid, 1990, págs. 59-64.

[16] J. Huizinga, *El otoño de la Edad Media,* Madrid, 1961, pág. 108 (la obra original en neerlandés data de 1923, con algunas modificaciones en 1927).

[17] Véase E. Mitre, *La Guerra de los Cien Años, op. cit.,* págs. 67-68 y 65-66.

[18] Cristina se mueve en la triple dimensión de cristiana, patriota y en alguna forma también feminista. Véase Ph. Contamine, «Mythe et histoire: Jeanne d'Arc, 1429», *Razo. Cahiers du Centre d'Études médiévales de Nice,* núm. 12, 1992, pág. 47.

Guerra de los Cien Años. Se nos habla en él con cierto detalle de lo que fue la vida cotidiana en la capital de Francia durante un periodo especialmente difícil: controlada por el bando anglo-borgoñón durante bastantes años, abastecida de forma irregular, dada la inseguridad de los caminos, y víctima su población de letales brotes epidémicos[19].

Menos espíritu familiar pero mejor reflejo de la alta política plasmarán algunos libros de memorias. Los de dos autores resultan especialmente reseñables por cuanto se han considerado, y por el espíritu que destilan, puente entre el Medievo y el humanismo renacentista.

Uno se debe al destacado humanista de agitada vida diplomática Eneas Silvio Picolomini, que terminó sus días como papa Pío II (1458-1464) encabezando una frustrada cruzada en abierta contradicción con lo que habían sido sus anteriores ideales. La recapitulación de lo que fueron sus días la hace movido por lo sucedido con anteriores pontífices, denigrados en vida y aclamados después de muertos[20].

El otro autor fue Felipe de Commynes (c. 1447-1511), quien redactó unas *Memorias* en las que se revela como un oportunista (deserta de las filas de Carlos el Temerario para pasarse a las de Luis XI de Francia) y, por ello, como una suerte de Maquiavelo *avant la lettre,* pero también como un personaje con buenas dosis de Montaigne[21], dado el espíritu moralizante que se desprende de muchos pasajes de su obra. Valga como ejemplo el sentido discurso sobre «la miseria de los hombres, y sobre todo de los príncipes», con especial mención a su época y a la figura del rey Luis XI[22].

---

[19] Un apunte sobre este interesante diario lo recogí en E. Mitre, «Una ciudad acosada en la primera mitad del siglo xv. La capital de Francia vista por un burgués de París», *Talia dixit,* 6, 2011, págs. 61-84. Tomé para ello como base la buena y asequible versión de C. Beaune, publicada en París, 1990.

[20] Pío II, *Así fui papa* (adaptación al castellano de los *Comentarios* a cargo de Antonio Castro Zafra), Madrid, 1989, pág. 13.

[21] Véanse las consideraciones recogidas por uno de los mejores especialistas en este autor, J. Dufournet, *La vie de Philippe de Commynes,* París, 1969, y las de J. Liniger, *Philippe de Commynes. Un Machiavel en douceur,* París, 1978.

[22] Ph. de Commynes, *Mémoires sur Louis XI,* ed. de J. Dufournet, París, 1979, págs. 514 y ss.

Italia: ¿un gozne para la visión *moderna* de la historia y de la labor del historiador? Nicolás Maquiavelo

Las más consolidadas convenciones sostienen que las ciudades-República italianas fueron las que impulsaron un gran proceso renovador en cuanto a enfoque y escritura de la historia. Ello merced a las amplias referencias y consideraciones sobre los cambios políticos e institucionales que se producen en su seno. Florencia figuraría a la cabeza[23].

En la primera mitad del siglo XIV, Giovanni Villani, y luego su hermano Mateo y su sobrino Filipo hasta principios del siglo XV, constituyen una magnífica saga familiar de cronistas florentinos preocupados por algo más que por la narración de grandes hechos de individuos de excepción. El protagonismo recae en la ciudad en su conjunto: su forma de gobierno y los cambios que se producen en su seno, las grandezas y desventuras de la urbe —incluidas las terribles epidemias de peste, de una de las cuales fue víctima el propio Giovanni—, las relaciones con otras ciudades italianas, etc.[24].

Ese cambio hacia la modernidad Georges Lefebvre lo personalizaba en tres generaciones de humanistas: la de Petrarca y Boccaccio (los dos primeros tercios del siglo XIV), la de Leonardo Bruni y Lorenzo Valla (a caballo entre los siglos XIV y XV) y la de Maquiavelo y Guicciardini (de finales del XV al siglo XVI avanzado)[25].

---

[23] Un resumen de ese proceso lo facilitamos en E. Mitre, *Ciudades medievales europeas. Entre lo real y lo ideal,* Madrid, 2013, págs. 257-258.

[24] Véanse las atinadas reflexiones de N. Guglielmi en su «Prólogo» a la antología de Villani *Crónicas Florentinas,* Buenos Aires, 1967, págs. 5 y ss.

[25] G. Lefebvre, *El nacimiento de la historiografía moderna,* Barcelona, 1977, págs. 64-71. Para esta transición entre dos mundos historiográficos son asimismo muy útiles trabajos de E. Garin como *Medioevo y Renacimiento,* Madrid, 1981.

Ahora bien, desde finales del Medievo, sería notorio el fracaso de los gobernantes de la Italia urbana por impulsar un programa de independencia política que cubriera al conjunto de la península y la preservase así de peligros exteriores.

Y aquí es obligado insistir en la figura del vecino de Florencia Nicolás Maquiavelo (1469-1527), reconocido por su fama en el campo de la política, en la que participó como secretario de la República hasta su destitución en 1512. A partir de esta fecha procedería a la redacción de una obra que le ha dado especial (aunque también equívoca)[26] fama como padre de la teoría de gobierno moderna: *El príncipe* (1513). La buena gestión del político se ha de basar en una combinación de fortuna y *virtù,* cualidad esta que permite al gobernante enfrentarse a las desgracias con ecuanimidad[27]. Maquiavelo advertía que un príncipe

> no debe tener otro objeto, otro pensamiento, ni cultivar otro arte más que la guerra, el orden y la disciplina de los ejércitos porque es el único que se espera ver ejercido por el que manda. Este arte es de una tan grande utilidad que él no solamente mantiene en el trono a quienes nacieron príncipes sino que con frecuencia hace subir a la clase de los príncipes a algunos hombres de una condición privada[28].

Argumento que complementaría en *Del arte de la guerra* (1520) con un sentido lamento:

> No se daban cuenta estos infelices de que se preparaban para ofrecerse como presas al primero que los asaltara. Por eso se produjeron en 1494 los grandes sustos, las fugas repentinas y las

---

[26] Cfr. la recopilación de opiniones vertidas a lo largo del tiempo recogidas por Lamar Jensen, *Machiavelli,* Boston, 1960.

[27] Muy atinadas reflexiones sobre esta obra clave en la historia del pensamiento político se recogen en Q. Skinner, *Maquiavelo, op. cit.,* págs. 32 y ss.

[28] N. Maquiavelo, *El príncipe* (comentado por Napoleón Bonaparte), Madrid, 1970, pág. 73.

> pérdidas milagrosas; y así tres poderosos estados (Milán, Venecia y Florencia) que había en Italia han sido repetidamente saqueados y devastados[29].

Reflexiones similares recogerá nuestro autor centradas en la evolución de su ciudad y su difícil gobernabilidad al ser pasto de las disputas entre distintos bandos... Y cuando se imponía uno de ellos, pronto se dividía en varios que, a su vez, iniciaban nuevas rencillas[30]. Tal circunstancia convertía a Florencia en una «ciudad dividida», en la que se debilitaba el sentimiento patriótico y se favorecía por tanto al enemigo exterior[31].

Podría decirse que, a lo largo de sus días, Maquiavelo mantuvo este tipo de lamentos referidos no solo a Florencia sino al conjunto de Italia, que esperaba «todavía a un salvador que le cure de sus heridas, ponga fin a los destrozos y saqueos de la Lombardía, a los pillajes y matanzas del reino de Nápoles; a un hombre en fin que cure a Italia de llagas inveteradas»[32].

* * *

El destino político de Italia, adelantada en cuanto a desarrollo cultural, quedaría, en efecto, en manos de potencias exteriores de superior poderío: el Imperio alemán y, sobre todo, Francia y la España de los Reyes Católicos y de los Austria. En estas dos se generaría una historiografía que, a su modo y manera, explicaba y justificaba el peso de la continuidad dinástica —pese a más de un sobresalto— como fuerza cohesionadora.

En el caso de Francia, la llamada Guerra de los Cien Años contribuiría a potenciar un rudimentario sentimiento de cohesión pro-

---

[29] N. Maquiavelo, *Del arte de la guerra,* ed. de M. Carrera Díaz, Madrid, 1988, págs. 198-199.

[30] N. Maquiavelo, *Historia de Florencia (Istorie Florentine),* ed. de F. Fernández Murga y F. Gilbert, Madrid, 2009, pág. 24.

[31] J. L. Romero, *Maquiavelo historiador,* Buenos Aires, 1970, págs. 80-81.

[32] N. Maquiavelo, *El príncipe, op. cit.,* págs. 126-127.

tonacional al hilo, como ya hemos advertido, de los reinados de sucesivos monarcas y del rechazo a las intervenciones político-militares de sus vecinos[33]. Un costoso éxito final que se materializará con las victorias sobre los británicos en Formigny (1450), que supone su expulsión de Normandía, y Castillon (1453), que hace lo propio en Guyena[34].

[33] Sobre esos sentimientos de cohesión-rechazo se han pronunciado distintos historiadores franceses e ingleses de nuestra época. A título de ejemplo, véase el atractivo texto —aunque puede resultar a algunos un poco antiguo— de uno de los grandes especialistas, Ph. Contamine, *La vie quotidienne pendant la guerre de cent ans. France et Angleterre,* París, 1976.

[34] Para una rápida visión de estos hechos, véase E. Mitre, *La Guerra de los Cien Años, op. cit.,* págs. 170-173.

Capítulo 9

Bajo Medievo ibérico: historiografía y progresiva oficialización del cronista[1]

El caso ibérico (la «nación española» en la terminología conciliar) es especial, y aunque participa de la historia de Occidente, posee unas peculiaridades que conviene destacar.

La cronística de los diversos reinos. La casa de Aragón

Obligado es recordar el mantenimiento después de Alfonso X de los talleres historiográficos castellanos que él impulsó (hasta llegar a la elaboración de una *Cuarta crónica general de España,* com-

[1] En esencia nos remitimos en este capítulo al titulado «¿Un sentimiento de comunidad hispánica en la historiografía peninsular?», que redactamos hace ya años para el tomo XVI, *La época del gótico en la cultura española (c. 1220-c. 1480)* (volumen coordinado por José Ángel García de Cortázar), de la *Historia de España de Menéndez Pidal* dirigida por José María Jover, Madrid, 1994, págs. 409-434.

puesta hacia 1460)[2]. Pero es también imprescindible resaltar el papel de monarcas aragoneses y condes de Barcelona, impulsores de una gran aventura mediterránea y que dan sentido a las conocidas como «cuatro grandes crónicas»[3].

En la elaboración de la *Crónica de Jaume I o Llibre dels Fets* la mano del soberano parece evidente, con lo que nos encontraríamos ante una muestra de la construcción de «un yo» que no contaría con muchos precedentes en el Medievo, salvo importantes casos, como las *Confesiones* de san Agustín o el *Libro de mis calamidades* de Pedro Abelardo, que tienen mucho de reflexión espiritual[4]. El rey aragonés sería más inspirador que autor material del *Llibre,* en cuya redacción constarían dos momentos: 1224 y 1274. La dilatada acción política del soberano se presenta como un producto de la voluntad divina a fin de que el monarca pudiera hacer acopio de buenas obras no manchadas por el deshonor de los pecados mortales o veniales cometidos[5].

Al *Llibre des Fets* le siguen la *Crónica* de Bernat Desclot, la *Crónica* de Ramón Muntaner y la *Crónica de Pere el Cerimoniós,* monarca este último apasionado por la historia y a quien se atribuye el impulso a la llamada *Crónica de San Juan de la Peña* o *Crónica Pinatense,* que alcanza hasta 1336 con especial referencia a los monarcas de Aragón y Navarra[6].

Consejero de Pedro IV sería el maestre de la orden de los Hospitalarios de Rodas, Juan Fernández de Heredia (1310-1396), autor,

---

[2] Véanse las referencias recogidas en el capítulo inicial dedicado a «Fuentes» de L. García de Valdeavellano, *Historia de España. De los orígenes a la Baja Edad Media I,* primera parte, Madrid, 1963, págs. 56-60.

[3] Para este importante ciclo cronístico siguen siendo de interés las clásicas reflexiones de M. de Montoliu, *Les quatre grans chroniques,* Barcelona, 1959.

[4] De gran interés para estas cuestiones es la aportación de J. Aurell, «La chronique de Jacques I, une fiction autobiographique. Auteur, auctorialité et autorité au Moyen Âge», *Annales HSS,* 2008, págs. 301-318.

[5] Jaime I, *Libro de los hechos,* versión castellana de J. Butiñá Jiménez, Madrid, 2003, pág. 51.

[6] Quizá Pedro IV tuviera intención de que sirviera de prólogo a su propia crónica. Véase C. Orcástegui, «Presentación» a *Crónica de San Juan de la Peña (versión aragonesa),* Zaragoza, 1986, pág. 5.

o promotor al menos, de algunas importantes empresas historiográficas. *La grant e verdadera historia de Espanya* o *Grant crónica de Espanya,* en parte perdida, concluye con la toma de Algeciras por Alfonso XI[7]. Su *Crónica de los Conqueridores* se concebirá como biografía colectiva de grandes personajes de la Antigüedad, míticos o reales (Nino, Hércules, Pompeyo, César), y de época medieval, como los reyes Fernando III de Castilla o Jaime I de Aragón[8].

De entre todas estas crónicas mencionadas, la de Ramón Muntaner (1265-1336) será la más popular, dada su mezcla de historia, memorias y novela de aventuras. Será también la que refleje un poso nacional más agudo, vinculado a la fidelidad y exaltación del «casal d'Aragó», como se designará a la dinastía de los condes-reyes. Ello para «bien saber cómo sobre ellos y a sus pueblos Dios ha derramado su cumplida gracia, y que, si así le place así será de ahora en adelante sobre todos aquellos que descienden de ellos y de sus vasallos»[9].

Y, como advertencia ante posibles errores políticos de sus príncipes, Muntaner invoca la vieja parábola de la mata de junco. Mientras se mantiene bien atada por el lazo (símbolo de la dinastía aragonesa), su firmeza es indiscutible. Pero si falla el lazo, cada uno de los juncos (símbolo de los diversos Estados de la corona) corre el riesgo de perderse[10].

Hacia la profesionalización del cronista

La progresiva oficialización de un sentimiento histórico en cierto modo «nacional» que se irá dando en España será pareja a una también progresiva profesionalización del cronista. En este proceso

---

[7] B. Sánchez Alonso, *Historia de la historiografía española,* Madrid, 1947, páginas 230-232.

[8] J. M. Nieto Soria, «Las inquietudes historiográficas del Gran Maestre hospitalario Juan Fernández de Heredia (m. 1396). Una aproximación de conjunto», *En la España Medieval,* núm. 22, 1999, págs. 187-211.

[9] R. Muntaner, *Crónica,* versión en castellano de J. F. Vidal Jové con introducción de Joan Fuster, Madrid, 1970, pág. 18.

[10] *Ibíd.,* págs. 609-610.

figurarían autores que, por haber desempeñado importantes cargos, conocían bien los entresijos de la administración[11].

Un ejemplo muy característico lo facilitará en Castilla Pero López de Ayala († 1407), autor de las crónicas de los reinados de Pedro I, Enrique II, Juan I y (solo los primeros años) Enrique III[12]. Servirá a los Trastámara en el campo de batalla, en notables gestiones diplomáticas y como canciller[13]. Contribuirá también con la pluma a blanquear a esta dinastía justificando así el discutible papel que desempeñó en la guerra civil fratricida al desertar del bando petrista para pasarse al de su rival[14], una circunstancia con la que haría de su *Crónica de Pedro I* una suerte de «crónica de un rey asesino»[15].

Por otra parte, y en defensa de la figura del cronista en general, Ayala evoca la necesidad que hubo desde tiempos remotos de narrar los hechos célebres y —consiguientemente— de tener para ello personas que los pusieran en orden:

> La memoria de los omes es muy flaca, e non se puede acordar de todas las cosas que en el tiempo pasado acaescieron; por lo qual los Sabios antiguos fallaron ciertas letras e artes de escribir porque las sciencias e grandes fechos que acaescieron en el mun-

---

[11] Un proceso que tratamos en E. Mitre, «¿Un sentimiento de comunidad hispánica? La historiografía peninsular», en *Historia de España de Ramón Menéndez Pidal, op. cit.*, págs. 407-434.

[12] Recogidas en la práctica, aunque ya anticuada, edición de BAE, vols. 66 y 68, Madrid, 1953 y 1956, respectivamente.

[13] Para la vida y obra de este personaje son fundamentales los trabajos de M. García, muy en especial su *Obra y personalidad del Canciller Ayala, op. cit.* Sobre las misiones diplomáticas del personaje, una ordenada síntesis la recoge A. Serrano de Haro, *El embajador don Pero López de Ayala (1332-1407),* Madrid, 2001.

[14] Cuestión que abordé en E. Mitre, «La historiografía medieval ante la revolución Trastámara: propaganda política y moralismo», en *Estudios de Historia Medieval en homenaje a Luis Suárez,* Valladolid, 1991, págs. 333-347. Básico para el estudio de ese relevo dinástico es J. Valdeón, *Pedro I el Cruel y Enrique de Trastámara. ¿La primera guerra civil?,* Madrid, 2002.

[15] B. Leroy, *L'historien et son roi. Essai sur les Chroniques castillanes, XIV-XV siècles,* Madrid, 2013, págs. 33-51. Otra investigadora, C. Valdaliso, lo ha calificado más bien como un rey shakespeariano en *Pedro I de Castilla,* Madrid, 2016 (actualiza la visión del reinado que trató hace años L. V. Díaz Martín, *Pedro I [1350-1369],* Palencia, 1995).

do fuesen escriptos e guardados por los omes de saber, e tomar dende buenos exemplos para facer bien, e se guardar de mal; e porque fincasen en remembranza perdurable fueron fechos después libros, do tales cosas fueron escriptas e guardadas[16].

Ayala encontró perfecto acomodo en la nueva dinastía Trastámara, al igual que muchos otros nobles castellanos que combatieron a favor de los muy discutibles derechos de Enrique II. La otra cara de la guerra civil, que elevó a este al poder en 1369 tras el fratricidio de Montiel, y sus consecuencias a inmediato y medio plazos, la proporciona un texto autobiográfico: las *Memorias* de Leonor López de Córdoba (1363-1412). Nos hablan, de manera un tanto desmañada, de las penalidades de su familia: hija del maestre de Calatrava Martín López de Córdoba, fiel a Pedro I y ejecutado por los trastamaristas, pasó nueve años en prisión[17]. Una vez en libertad, y tras una difícil inserción en los círculos de poder, llegaría a actuar como confidente de la reina Catalina de Lancaster, que no haría nada sin su consejo, «tanto hera el amor que con ella tenía»[18].

La inacabada crónica ayalina dedicada al reinado de Enrique III (interrumpida en 1396) fue complementada, en lo que concierne a los momentos finales de vida de este monarca, por Alvar García de Santa María, de familia conversa y autor de la *Crónica de Juan II de Castilla.* Fue este un texto objeto de refundiciones y modificaciones primero por Fernán Pérez de Guzmán y en 1517 por Lorenzo Galíndez de Carvajal, con lo que el original quedaría sensiblemente alterado[19]. Afortunadamente, el complejo reinado de Juan II conta-

---

[16] «Proemio de Don Pedro López de Ayala» a las *Crónicas de los reyes de Castilla don Pedro, don Enrique II, don Juan I y don Enrique III,* BAE, t. 86, Madrid, 1953, pág. 399.

[17] Véase la interesante nota sobre este personaje en A. D. Deyermond, *Historia de la literatura Española, 1 La Edad Media,* Madrid, 1973, pág. 275.

[18] Alvar García de Santa María, *Crónica de Juan II de Castilla*, ed. de J. M. Carriazo, Madrid, 1982, pág. 56.

[19] Véanse las advertencias que hizo quien había de emprender la oportuna tarea rectificadora, J. M. Carriazo, «Notas para la edición de la crónica de Alvar García», en *Estudios dedicados a Menéndez Pidal,* III, Madrid, 1952, págs. 489-505.

rá con otros textos historiográficos que enriquecen la visión que de la época y sus personajes puede tener el lector actual. Uno de los más significativos ejemplos lo facilitará Pedro Carrillo de Huete, halconero mayor del rey —un cargo menor, después de todo— y autor de un texto conocido como *Crónica del halconero.* Resulta particularmente útil para verificar el periodo entre 1420 y 1441 (la continuará hasta 1450 el obispo Lope Barrientos). Se trata de una obra carente de pretensiones literarias que refleja la integridad moral con la que el autor cumplió su cometido[20].

* * *

Los Trastámara, entronizados en la Corona de Aragón tras el Compromiso de Caspe, mantendrán la consolidada tradición cronística de sus predecesores. Así, el humanista Lorenzo Valla (1407-1457), al servicio de Alfonso V, redactaría una elogiosa *Historiarum Ferdinandi Regis Aragoniae* exaltando la figura de Fernando de Antequera, primer monarca de la nueva dinastía en el oriente peninsular. Pere Tomich Cauller elaboraría unas *Histories e conquistes dels reys de Aragó e comtes de Barcelona* que alcanzan hasta la época de Alfonso V. Gabriel Turell compuso hacia 1476 un *Recort historial de algunas antiquitats de Catalunya, Espanya y Franza,* en donde, tras una breve reseña de los comienzos de la humanidad, se centra fundamentalmente en la historia de la corona catalanoaragonesa también hasta Alfonso V[21].

En Navarra, a su vez, el príncipe Carlos de Viana tomará la iniciativa para que no fuera menos que los demás reinos de España ni «en la antiguidat de la dignidat real ni en el triunpho e merescimiento de fieles conquistas»[22].

* * *

[20] B. Sánchez Alonso, *Historia de la historiografía española,* Madrid, 1947, páginas 304-305. La obra fue editada en Madrid en 1946 por J. M. Carriazo. En 2007 se hizo en Madrid (editorial Marcial Pons) una reedición facsímil presentada por los profesores M. González Jiménez y R. Beltrán Llavador.

[21] *Ibíd.,* págs. 331-335.

[22] *La crónica de los reyes de Navarra del Príncipe de Viana,* ed. de C. Orcástegui, Pamplona, 1978, pág. 75. (Ello a pesar de contarse con algunos precedentes como

Para Portugal y una generación posterior a Ayala, Fernão Lopes desarrolló una actividad en la administración como *tabelião* (notario), *guarda mor* del Archivo Real de la Torre do Tombo y *escribam da puridad* del infante don Fernando. Como culminación de su carrera será encargado en 1419 de «poer en caronyca as estorias dos Reys» de Portugal hasta Juan I, fundador de la dinastía de Avis, función para la cual se le asignó una pensión de catorce mil libras anuales[23]. En Fernão Lopes la historiografía portuguesa más propensa a las efusiones nacionalistas e incluso socialmente reivindicacionistas dispondría de una suerte de paladín[24]. Ello en tanto se insista en sobrevalorar aquellos pasajes de la *Crónica de Joao I* (fracasado cerco de Lisboa por los castellanos en 1384, victoria de Aljubarrota meses después sobre el mismo enemigo) en los que se exalta el comportamiento de los seguidores del de Avis como héroes e incluso —los defensores de Lisboa erigida en «forte estede e collumpna que sostem todo Portugal!»— como auténticos mártires[25].

Sucesor de Lopes en la cronística oficial lusitana sería Gomes Eanes de Zurara, quien en 1449 iniciaría la redacción de *Crónica da tomada de Ceuta,* hecho que en 1415 daría simbólico inicio a lo que sería la expansión lusitana más allá del suelo peninsular ibérico[26].

* * *

los marcados por García de Euguí y Garci López de Roncesvalles, entre finales del siglo XIV y comienzos del XV, respectivamente, de acuerdo con los estudios publicados por la misma profesora Carmen Orcástegui).

[23] A. Saraiva, *Fernão Lopes,* Lisboa, 1967, págs. 13-15.

[24] Una visión más equilibrada la recoge T. Bernardino, *A revolução portuguesa de 1383-1385,* Lisboa, 1984. Para una comparativa de la exposición de los hechos acaecidos en la primera fase de la Guerra de los Cien Años, véase mi apunte: E. Mitre. «Froissart, Ayala e Fernão Lopes. O compromisso de tres cronistas ante a crise dos finais do século XIV», en el monográfico *1383-1285 e a crise dos seculos XIV-XV* de la revista *Historia e critica,* Lisboa, 1985, págs. 57-62.

[25] Fernão Lopes, *Cronica de D. Joao I,* vol. I, Lisboa, 1983, pág. 343.

[26] J. Verissimo Serrao, *Cronistas do século XV posteriores a Fernão Lopes,* Lisboa, 1977, pág. 41.

En las coronas de Castilla y Aragón, por estos mismos años, se dan también decisivos pasos para que la labor del cronista profesional deje de ser la de un simple apéndice del trabajo de un secretario[27]. Únase a ello, lógicamente, la posesión de unas dotes literarias contrastadas, como sucederá con el redactor de la crónica del dilatado reinado de Juan II.

En Castilla, desde 1450, Juan de Mena tendría una asignación económica como cronista y secretario de cartas latinas; acoplamiento de unos cargos que veremos después a favor de Alfonso de Palencia[28]. En los años siguientes, Pere Miquel Carbonell (1434-1517), notario, bibliófilo y archivero real por nombramiento de Juan II de Aragón, hablaría de historiadores que recibían un sueldo de Fernando el Católico[29].

Sobre los deberes del cronista en Castilla durante los reinados de Juan II y Enrique IV poco sabemos, sobre todo habida cuenta —caso de Enrique IV— de la pluralidad de cronistas oficiales que acompañaron a su agitado reinado: desde el más favorable a la figura del rey (su capellán Diego Enríquez del Castillo) hasta el venenoso Alfonso de Palencia[30]. Sus *Décadas* se han definido como una auténtica requisitoria contra el monarca. Una imagen nefasta que contrastaría con la que para la gracia de España desempeñaría (caso de un Hernando del Pulgar) la aparición de los Reyes Católicos[31]. Bajo su gobierno, lo que tradicionalmente se ha considerado «conciencia histórica» (de los propios Alfonso de Palencia y Hernando del Pulgar o Andrés Bernáldez) se pondría al servicio de un concepto de Estado que, muy convencionalmente, se ha dado en llamar «moderno»[32].

---

[27] R. B. Tate, «El cronista real castellano», art. cit., págs. 665-668.

[28] J. L. Bermejo, «Orígenes del oficio de cronista real», *Hispania*, 1980, pág. 402.

[29] R. B. Tate, «Los escritos históricos de Fr. Gauberto Fabricio de Vagad», *Ensayos sobre historiografía peninsular del siglo XV*, Madrid, 1970, pág. 266.

[30] Una pluralidad resumida en E. Mitre, «¿Un sentimiento de comunidad hispánica? La historiografía peninsular», en *Historia de España de Ramón Menéndez Pidal*, *op. cit.*, pág. 426.

[31] B. Leroy, *L'historien et son roi. Essai sur les chroniques castillanes*, *op. cit.*, pág. 29.

[32] Véase para ello un viejo libro de J. Cepeda Adán, *En torno al concepto de Estado en los Reyes Católicos*, Madrid, 1956, págs. 19-38.

A la postre, dos fechas se han destacado como capitales para la institucionalización del cargo de cronista oficial, aunque ambas ya superan los límites de lo que prudentemente puede considerarse Edad Media: en 1537, las Cortes de Toledo designan para Castilla a Florián de Ocampo, y en 1547 las aragonesas hacían lo propio con Jerónimo Zurita a fin de «escrevir, recopilar y ordenar todas las cosas notables de Aragón, así pasadas, como presentes, según que a corónicas de semejeantes Reynos conviene»[33].

Historiografía y *reintegratio Hispaniae*

El proceso que no fue posible culminar entre Castilla-León y Portugal —la unión de los dos Estados— se vislumbró más viable (unión personal) en otras latitudes. Se encarrilará en 1469 con el enlace matrimonial de los herederos a las coronas castellana y aragonesa, ambos del mismo linaje Trastámara. Y se ratificará cuando estos se conviertan en monarcas efectivos desde 1479: Isabel en Castilla, tras el conflicto civil mantenido con su sobrina Juana desde 1475, y Fernando en Aragón a la muerte de su padre Juan II[34]. Se daba pie así a una *reintegratio Hispaniae* que pasase de ser una profecía histórica a convertirse en programa de acción política, paso en el que colaborarían autores tanto en uno como en otro lado.

En Castilla lo harán un Alonso de Cartagena, con su *Anacephaleosis,* y un Rodrigo Sánchez de Arévalo, con su *Compendiosa Historia Hispánica,* en la que defiende la preeminencia de Castilla, a cuyo rey merecería la pena considerar *rex Hispaniae*[35].

---

[33] R. B. Tate, «Los escritos históricos de Fr. Gauberto Fabricio de Vagad», art. cit., pág. 263.

[34] Peripecias políticas bien compendiadas en trabajos de síntesis del estilo de L. Suárez Fernández, *Los Trastámara y los Reyes Católicos,* vol. 7 de *Historia de España,* Madrid, 1985, págs. 213 y ss.

[35] R. B. Tate, *Ensayos sobre historiografía peninsular del siglo* XV, *op. cit.,* páginas 55-120.

En la Corona de Aragón, un autor catalán, el obispo cardenal de Gerona Joan Margarit («el primero en esbozar en una obra histórica las actitudes de los humanistas italianos respecto a la historia»), saludaría esa unión matrimonial, a la que daba un especial valor: la reunión de las viejas provincias romanas —Citerior y Ulterior— rota a causa de la invasión islámica[36].

Exaltación de las grandes figuras

La figura del héroe —o, simplemente, la del personaje con un destacado papel en la vida pública— contaba en Castilla con algunos buenos precedentes, como el que facilita Rodrigo Díaz de Vivar, muerto en 1099 en Valencia y pasto pronto de la historia y la leyenda a través de difundidas obras como *Historia Roderici* y *Carmen Campidocti* o el popular *Poema*[37]. Contemporánea de su reinado (1126-1157) se ha hecho la *Chronica Adephonsi imperatoris* (culminada por el *Poema de Almería),* en donde se exalta la figura de Alfonso VII de León y Castilla, coronado solemnemente como emperador en León en 1135 en presencia del musulmán Zafadola, del conde Alfonso de Tolosa «et multi comités et duces Gasconiae et Franciae»[38].

El género biográfico que se consolidará en el Bajo Medievo peninsular tiende a mezclar la pura narración de los hechos con el afán de aventura de los protagonistas, su personal brillantez y una acadé-

---

[36] R. B. Tate, «El *Paralipomenon* de Joan Margarit. Cardenal obispo de Gerona», en *Ensayos sobre historiografía peninsular del siglo* XV, *op. cit.*, pág. 149.

[37] Aunque hoy día pueda resultar de discutibles conclusiones, sigue siendo imprescindible para el estudio del personaje la monumental obra de R. Menéndez Pidal, *La España del Cid,* 3 vols., 1.ª ed., Madrid, 1919. Una reciente evaluación de las fuentes se recoge en los apéndices del estudio ensayístico de D. Porrinas, *El Cid..., op. cit.,* págs. 358-366.

[38] *Chronica Adefonsi Imperatoris* (con el apéndice del «Poema de Almería»), ed. y estudio de L. Sánchez Belda, Madrid, 1950, págs. 54-55.

mica defensa de la idea de la fama[39]. Contará con algunas importantes muestras. Posiblemente la más célebre —y fantasiosa— sea la dedicada a las hazañas del caballero castellano Pero Niño, conde de Buelna, redactada por Gutierre Díaz de Games. Conocida como *El Victorial,* puede ser encuadrada también entre los libros de viajes en los que se mezclan realidad y fantasía, con toques de cortesía amorosa y numerosas digresiones[40].

Y como libro de viajes redactado por los mismos años, especialmente célebre sería, por sus escenarios exóticos, el de la embajada hasta el interior de Asia enviada por Enrique III. Su destinatario sería el caudillo mongol Tamerlán, vencedor de los turcos. De ella ha quedado un relato atribuido a Ruy González de Clavijo o Alonso Páez de Santamaría. Nos habla de las jornadas recorridas, los lugares y poblaciones con que los viajeros se van topando, y que les despiertan especial curiosidad, las noticias del imperio neotártaro, condenado a la desaparición a la muerte de su impulsor[41].

Varios condestables de reinos peninsulares gozarán también de sus correspondientes trabajos biográficos. Álvaro de Luna será tratado muy favorablemente en su *Crónica,* obra quizás de Gonzalo de Chacón († 1517)[42]. Contrarrestaba con ello los negativos juicios de sus oponentes políticos, al estilo del marqués de Santillana[43]. Miguel Lucas de Iranzo, condestable bajo el reinado de Enrique IV, será protagonista de otro interesante texto que presenta al monarca

---

[39] Para un seguimiento de esta última contamos con una obra, todo un clásico, de M. Rosa Lida de Malkiel, *La idea de la fama en la Edad Media castellana,* México, 1983.

[40] Gutierre Díaz de Games, *El Victorial o Crónica de Don Pero Niño conde de Buelna,* ed. de R. Beltrán Llavador, Salamanca, 1997.

[41] Célebre sería la edición de F. López Estrada, *Embajada a Tamorlán,* precedida de un amplio estudio crítico, Madrid, 1943. Como complemento, véase la antología comentada de J. Rubio Tovar, *Libros españoles de viajes medievales,* Madrid, 1986, especialmente págs. 69 y ss.

[42] *Crónica de Don Álvaro de Luna,* ed. de J. M. Carriazo, Madrid, 1940.

[43] Véase el *mea culpa* entonado en el más allá por don Álvaro y poetizado en «Doctrinal de privados», Marqués de Santillana, *Poesías completas,* vol. II, ed. de M. Durán, Madrid, 1980, págs. 157 y ss.

como creador de una brillante corte en la ciudad de Jaén. Ello sería compatible con una buena gestión de gobierno y una eficaz defensa en la línea de frontera con el reino de Granada[44]. Por su parte, Portugal exaltará la figura de Nuno Álvares Pereira, condestable y brazo derecho de João I de Avis (de quien dice que merecía ser seguido hasta la muerte)[45] que acabó sus días en un monasterio y, con el tiempo, sería elevado a los altares[46].

Dos colecciones de semblanzas biográficas

Junto con las biografías citadas, es obligado recordar las galerías de personajes debidas a las plumas de Fernán Pérez de Guzmán y Hernando del Pulgar.

El primero, una vez desengañado de la política activa, redactaría entre 1440-1450 las semblanzas de treinta y cinco personajes de su época. El texto se abre con Enrique III y se cierra con don Álvaro de Luna[47]. En la introducción recuerda la necesidad que tiene el historiador de ajustarse a una triple fórmula: el arte del buen lenguaje, el uso de buena información y la libertad de expresión frente a las presiones políticas. Algo esto último de gran valor, ya que por lo general los autores podían tender a dejar en la sombra aquello que pudiera ser más comprometido[48].

---

[44] Véase la completa edición de *Relación de los hechos del muy magnífico e más virtuoso señor, el señor don Miguel Lucas muy digno condestable de Castilla,* a cargo de J. Cuevas, Juan del Arco y José del Arco, Jaén, 2001.

[45] *Crónica do Condestável de Portugal d. Nuno Álvares Pereira,* ed. de A Machado Faría, Lisboa, 1972, pág. 145.

[46] Véase J. G. Monteiro, «Nuno Álvares Pereira (1360-1431): de general a carmelita», *Medievalismo,* 28, 2018, págs. 113-145.

[47] Recogido en el vol. 68 de BAE, págs. 698-719 (citaremos por ella aunque hay posteriores ediciones, como la de Domínguez Bordona, de 1932, o la de R. B. Tate, de 1963).

[48] Destacado por B. Leroy, *L'historien et son roi. Essai sur les chroniques castillanes, op. cit.,* págs. 1-2.

Alejándose de las muchas veces vacua exaltación de los ideales caballerescos, Pérez de Guzmán abordará el tema de la gloria humana como algo unido a intereses terrenales y más estrechamente políticos[49]. Tratará a sus personajes de forma equilibrada: sin caer en el halago gratuito y a la vez sin ensañarse en sus defectos. Una excepción sería la del controvertido Álvaro de Luna, del que recuerda su origen bastardo, su carácter «cobdicioso en grande estremo», que le llevó a tener «más tesoro que todos los grandes hombres e perlados de España», y su «ambición desordenada». Todo ello amparado por el carácter remiso de Juan II, quien tampoco saldrá bien parado en su semblanza: aparece como un auténtico juguete del condestable, puesto que «ansí que lo temporal e lo espiritual todo era en su mano»[50].

Hernando del Pulgar, cronista y embajador de los Reyes Católicos, dirigirá a Isabel su galería de personajes, aparecida en Burgos en 1485 y que en buena medida se asemeja a la de su antecesor Pérez de Guzmán. En su dedicatoria recuerda que mucho tiempo atrás (Valerio Máximo o Plutarco) los escritores «escreuieron bien por extenso [...] las fazañas que los claros varones de su tierra fizieron, e les parescieron dignas de memoria [...] (y adornaron) sus fechos, exaltándolos con palabras algo por ventura más de lo que fueron en obras»[51].

Pulgar (autor también de una *Crónica de los Reyes Católicos Don Fernando y Doña Isabel)* culminará sus veinticuatro semblanzas con la satisfacción de haber podido loar a castellanos como si hubieran sido romanos[52]. Los juicios que emite sobre sus biografiados son menos severos que los lanzados por Pérez de Guzmán sobre los suyos; nadie es paradigma de maldad o de bondad[53]. Parece como si

[49] J. L. Romero, «Fernán Pérez de Guzmán y su actitud histórica», en *¿Quién es el burgués? y otros estudios de historia medieval,* Buenos Aires, 1984, págs. 212-213.

[50] «Generaciones y Semblanzas», BAE, págs. 712-719.

[51] Fernando del Pulgar, *Claros varones de Castilla,* Buenos Aires, 1948, pág. 11.

[52] *Ibíd.,* pág. 128.

[53] Defectos y cualidades aparecen por lo general bastante equilibrados. M. Rosa Lida de Malkiel, *La idea de la fama en la Edad Media castellana, op. cit.,* págs. 271-273.

quisiera destacar, frente a la España turbia de Enrique IV, la España clara de los Reyes Católicos[54], en la que los ideales caballerescos van poniéndose al servicio del Estado moderno[55].

* * *

Esta idea no es incompatible, sino complementada, con otra trufada de providencialismo: la que hace de Castilla un «país que ha recibido una misión sagrada», y de la que se harían eco autores como Rodrigo Sánchez de Arévalo, Alfonso de Palencia, Diego de Valera, Hernando del Pulgar o Lucio Marineo Sículo[56]. La gran aventura ultramarina que se abre en 1492 haría mucho más amplios los horizontes geográficos e historiográficos de la monarquía hispánica... Pero ello constituye capítulo aparte de los objetivos marcados por este libro.

---

[54] J. L. Romero, «Hernando del Pulgar y los *Claros Varones de Castilla*», recogido en su *¿Quién es el burgués?, op. cit.*, pág. 216.

[55] J. L. Bermejo, «La biografía como género historiográfico en *Claros Varones de Castilla*», *Cuadernos de Historia* 16, Madrid, 1975, pág. 459.

[56] R. B. Tate, «Rodrigo Sánchez de Arévalo (1404-1470) y su *Compendiosa Historia Hispánica*», en *Ensayos sobre historiografía peninsular del siglo* XV, *op. cit.*, pág. 101.

Tercera parte

Intelectualidad crítica: ¿inadaptados?, ¿herejes?, ¿disidentes?

Capítulo 10

El mundo intelectual del Occidente en el Medievo: ¿una búsqueda de problemáticas adaptaciones?

¿Qué decir de aquella labor para poner al alcance de los estudiosos del Occidente medieval lo que fue el acervo cultural del pasado helénico y latino y del presente islámico?[1].

Cristianismo ¿versus cultura clásica?

El cristianismo nació en territorio palestino y, en un proceso desigual, acabó por alcanzar al conjunto de un Mediterráneo culturalmente heredero del helenismo y políticamente unificado por Roma. En su configuración intelectual, la nueva religión se vería condicionada por estas circunstancias. Hasta el punto de que, desde los estudios del teólogo alemán A. von Harnack (1851-1930), se ha

[1] Para al caso hispánico en la plenitud del Medievo, véanse algunos pasajes de la obra de C. Sánchez-Albornoz *El Islam de España y el Occidente, op. cit.*, especialmente págs. 183 y ss., y, sobre todo, la justamente admirada obra de Juan Vernet *Lo que Europa debe al Islam de España, op. cit.*

venido hablando de una «helenización del cristianismo»[2]. Los debates entre paganos y cristianos —y entre diferentes grupos de cristianos— constituirían todo un género en la vida cultural de los primeros siglos de nuestra era[3], hasta alcanzar los años de decadencia y caída del Imperio en Occidente[4].

Constituye todo un clásico sostener que la Iglesia fue, en los tiempos más duros del Medievo, la preservadora de la cultura antigua. Valgan para ello dos ejemplos: de Christopher Dawson en relación con los *scriptoria* monásticos[5], y de Léopold Génicot, para quien la civilización clásica habría sucumbido sumida en la miseria a causa de la barbarie de las invasiones si la Iglesia no hubiera preservado el tesoro de las letras e incluso de las artes[6]. En fecha más cercana a nosotros, H. I. Marrou afirmó que «de los legados que la Antigüedad tardía transmitió a la Edad Media, el elemento más precioso fue la religión cristiana»[7]. Esos juicios favorables han sido objeto de críticas a veces inmisericordes, como las recientemente vertidas por alguna autora[8] que difícilmente podría ser considerada discípula en la distancia de historiadores como el legendario E. Gib-

---

[2] Véase la síntesis crítica de M. Simon y A. Benoît, *El judaísmo y el cristianismo antiguo,* Barcelona, 1972, pág. 87.

[3] Un clásico en cuanto estudios sobre esta temática lo constituye el viejo libro de C. N. Cochrane, *Cristianismo y cultura clásica,* México, 1983 (original en inglés de 1939). Más cercanos son O. Gigon, *La cultura antigua y el cristianismo,* Madrid, 1970, o el conjunto de trabajos de A. Momigliano *et al., El conflicto entre paganismo y el cristianismo en el siglo IV,* Madrid, 1989 (original de 1963) (conviene añadir otros títulos que citaremos en notas sucesivas).

[4] Sigue siendo de gran utilidad para abordar este fenómeno el ya venerable ensayo de S. Mazzarino *El fin del mundo antiguo, op. cit.*

[5] Cfr. el clásico de Ch. Dawson *Los orígenes de Europa,* Madrid, 1991, pág. 90 (original en inglés de 1933).

[6] L. Génicot, *El espíritu de la Edad Media,* Barcelona, 1990, págs. 63-64 (reedición en castellano de la obra titulada originalmente *Les lignes de faîte du Moyen Âge,* París-Tournai, 1953)

[7] H. I. Marrou, *¿Decadencia romana o antigüedad tardía? Siglos III-VI,* Madrid, 1980, pág. 159.

[8] C. Nixey, *La edad de la penumbra. Cómo el cristianismo destruyó el mundo clásico,* Madrid, 2018.

bon o, ya en la cercanía, de maestros de la talla de un Peter Brown[9]. Más ponderada sería la también reciente aportación de otra autora, que sostiene que el saber de la Antigüedad, si bien devaluado en los años de transición al Medievo, se fue recuperando (antes de los albores del Renacimiento propiamente dicho) merced al papel que desempeñaron ciudades como Alejandria y Bagdad en Oriente, la Córdoba musulmana y el Toledo cristiano, en el extremo del Occidente, y urbes italianas como Salerno, Palermo o Venecia. La actividad de todos estos focos contribuiría a la forja de una herencia cultural común[10].

Cabría hablar de cómo el cristianismo asumió de forma condicionada el legado cultural de la época clásica. Era tanto como aceptar a los autores paganos solo debidamente cristianizados y mientras no plantearan graves problemas morales. Las ciencias profanas recogidas en el *trivium* y el *quadrivium* debían integrarse en el currículum cristiano con carácter ancillar para un mejor conocimiento e interpretación de las Escrituras[11].

El carácter instrumental y fuertemente condicionado de contactos con otras culturas religiosas será muy evidente en algunos casos. Llamativo será el del abad de Cluny Pedro el Venerable, quien, en viaje de inspección de los monasterios de su orden por territorio

---

[9] Cfr. para ello una obra de amplia difusión: P. Brown, *El primer milenio de la cristiandad cccidental, op. cit.* Ello sin olvidar otras obras de este mismo autor, en lugar preferente su densa biografía sobre san Agustín, *Augustine of Hipo,* Londres, 2000 (ed. cast.: *Agustín,* Madrid, 2001; actualiza la versión de 1967 ampliándola considerablemente), además de algún reciente y agudo estudio (trufado de fina ironía) a propósito de la transición entre Antigüedad y Medievo: *Por el ojo de una aguja. La riqueza, la caída de Roma y la construcción del cristianismo en Occidente (350-550 d.C.),* Barcelona, 2016.

[10] V. Moller, *La ruta del conocimiento. La historia de cómo se perdieron y redescubrieron las ideas del mundo clásico,* Madrid, 2019.

[11] Un apunte a propósito de estos ajustes lo recogimos en E. Mitre, «La formación de la cultura eclesiástica en la génesis de la sociedad europea», en *Cultura y culturas en la Historia* (Quintas Jornadas de Estudios Históricos organizadas por el Departamento de Historia Medieval, Moderna y Contemporánea de la Universidad de Salamanca), 1995, págs. 31-52. Véanse también las prudentes conclusiones de J. Paul, *Historia intelectual del Occidente medieval, op. cit.,* págs. 588-590.

español, se decidió a verter del árabe al latín «la historia y la doctrina de ese desdichado (Mahoma) y hasta su misma ley que llaman Alcorán». No se trata, por tanto, de un acercamiento pacífico al islam, sino de disponer de un arma intelectual —complemento de las estrictamente militares— para mejor combatirlo[12]. (Que se dieran intentos más irenistas de conocimiento del «otro» será cuestión que abordaremos más adelante).

Compromiso *del* intelectual pero también (a) ¿traición (por lanzamiento de severas críticas) *al* intelectual medieval?

J. Verger, uno de los grandes especialistas en la historia de las universidades medievales[13], ha utilizado una expresión menos restrictiva que la de «intelectuales»: la de «gentes del saber», derivación de la de «gentes del libro». Les caracterizaría su capacidad de leer, de escribir y, sobre todo, de manejar libros, «ya fuera para conservar ciertos tipos de conocimientos o para informar de tal o cual práctica social o política»[14]. Circunstancias que generarán las dificultades de algunos autores para mantener una posición que se pudiera considerar universalmente aceptable, o, para en caso contrario, claudicar ante las presiones sufridas.

Intelectuales o gentes del saber (... y del pensar)[15] de la Edad Media tienen en ocasiones compromiso con ciertas (¿nuevas?) corrientes de pensamiento que les causarán el aislamiento, cuando no la denuncia, de algunos colegas por lo que estos consideraron peligrosas audacias intelectuales.

---

[12] Recogido en J. Le Goff, *Los intelectuales en la Edad Media, op. cit.*, págs. 32-34.

[13] Desde su temprana síntesis, J. Verger, *Les universités au Moyen Âge, op. cit.* Para la trayectoria general de estos centros docentes, una útil síntesis en H. de Ridder Symoens (ed.), *Las universidades en la Edad Media*, vol. I de *Historia de la universidad en Europa*, Bilbao, 1995.

[14] J. Verger, *Gentes del saber en la Europa de finales de la Edad Media*, Madrid, 2001, pág. XIII.

[15] Cfr. el título de la sugerente obra de A. de Libera *Pensar en la Edad Media*, *op. cit.*

Sucederá en el siglo IX con la figura de Juan Escoto Erígena, sin duda el más destacado representante de lo que A. Toynbee definió en su día como la lejana cristiandad del extremo Occidente. Su personalidad ha sido objeto de diversas consideraciones: cima del neoplatonismo anterior, profeta del pensamiento europeo posterior (Spinoza, Hegel), epígono del neoplatonismo, padre de la escolástica... Aunque considerado una figura aislada en su tiempo y sospechoso de desviacionismo, tendría una notable influencia a partir del siglo XI[16].

Algo similar ocurrirá con Gerberto de Aurillac, efímero papa Silvestre II en el cambio de milenio (999-1003), que dará la imagen de uno de los pontífices medievales con mayor bagaje intelectual: influido por la obra de Boecio, impregnado de las ideas estoicas de Cicerón y de la lógica aristotélica y hombre, en definitiva, dotado de una curiosidad universal. Dejará, sin embargo, para algunos el recuerdo de hombre de mala fe, de ambición desenfrenada y de excesiva «flexibilidad» política e incluso la dudosa fama de brujo[17].

Impactante en especial será la figura de Pedro Abelardo, considerado «El peripatético del Pallet» por su lugar de nacimiento; el «Descartes del siglo XII» por tratar de expresar las tesis nominalistas con notable precisión; el creador del método escolástico[18], o el constructor de puentes entre las grandes corrientes de pensamiento más allá de las fronteras consideradas infranqueables. Así lo hará en su *Diálogo entre un cristiano, un judío y un filósofo*[19]. Su agitada vida, tal y como reflejó en *Historia calamitatum,* no lo es solo debido a sus

---

[16] Véase la atinada semblanza sobre este autor de F. J. Fortuny en su «Introducción» a *División de la naturaleza, op. cit.*, págs. 9-33.

[17] Cfr. la biografía de P. Riché, *Gerberto. El Papa del año mil, op. cit.*, especialmente las páginas del balance final 190 a 203.

[18] E. Jeauneau, *La filosofía medieval, op. cit.*, págs. 46-49.

[19] Este último, según J. Jolivet, bien pudiera ser identificado con un musulmán. Recientes editores del texto abelardiano sostienen que el «filósofo que dialoga no es un pagano típico, sino un pagano actualizado: un pensador del área musulmana educado en la cultura árabe pero emancipado del islam mediante el ejercicio autónomo de la reflexión filosófica»; en «Introducción» de A. Sanjuán y M. Pujadas a P. Abelardo, *Diálogo entre un filósofo, un judío y un cristiano, op. cit.*, pág. 69.

tormentosas relaciones con su discípula y amante Eloísa, que le costarán una humillante mutilación, sino también por la inquina despertada entre sus rivales del mundo académico y espiritual. A instigación de Bernardo de Claraval, Pedro Abelardo fue condenado a reclusión en un monasterio hasta el final de sus días por lo que se consideró un excesivo subjetivismo moral, que se desprendía especialmente de su *Ética*. El papa Inocencio II consideró esta condena extensiva al conjunto de su obra:

> Hemos condenado los capítulos que vuestra discreción nos ha mandado y todas las doctrinas del mismo Pedro Abelardo juntamente con su autor, y como a hereje le hemos impuesto perpetuo silencio. Decretamos también que todos los seguidores y defensores de su error han de ser alejados de la compañía de los fieles y ligados con el vínculo de la excomunión[20].

Sobre Federico II, emperador del Sacro Imperio y rey de Sicilia (1211-1250), se crearía la imagen de un personaje inquietante tanto por sus proyectos políticos como por sus veleidades intelectuales. Su contemporáneo Mateo París lo definió como «pasmo del mundo y prodigioso trastocador de las cosas» *(stupor mundi et inmutator mirabilis)*. Se le atribuiría falsamente la autoría de un panfleto bajo el título *De tribus impostoribus* en el que calificaría de tales a Moisés, Cristo y Mahoma[21]. Su perdición le vendría, sin embargo, de sus enfrentamientos políticos —tan comunes en el Medievo— con sucesivos pontífices[22].

Años más tarde, el propio Tomás de Aquino, cuyo pensamiento habría de convertirse en oficial dentro de la Iglesia católica, tuvo,

---

[20] Cfr. «Errores de Pedro Abelardo. Concilio de Sens (1140 o 1141)», apéndice a Pedro Abelardo, *Ética o conócete a ti mismo, op. cit.*, pág. 151.

[21] M. García-Pelayo, «Federico II de Suabia y el nacimiento del estado moderno», en *Del mito y de la razón en el pensamiento político,* Madrid, 1968, pág. 147.

[22] La excomunión más solemne será la pronunciada en el I Concilio de Lyon de 1245 por el papa Inocencio IV en la bula *Ad Apostolicae Dignitatis* de deposición de Federico II, cfr. H. Wolter y H. Holstein, *Lyon I y Lyon II,* Vitoria, 1979, páginas 305-313.

post mortem, problemas a causa de su papel «cristianizador» de Aristóteles[23]. A algunos autores, incluso, sus audacias les costarán la vida, casos de Margerite Porete, en 1310[24], o Juan Hus, en 1415[25], ambos ejecutados en la hoguera.

En distintas ocasiones serán perceptibles las dificultades generales para el libre ejercicio del pensamiento y de la crítica, lo que hemos definido como «traición *al* intelectual». París facilitará para ello un excelente escenario. En 1255 se verá con el enfrentamiento entre los maestros del clero secular y los del regular (franciscanos y dominicos), acusados de no someterse a la disciplina académica. El opúsculo *De periculis novisimorum temporum,* del maestro secular Guillermo de Saint-Amour, en donde denunciaba a los pseudoprofetas de los «tiempos nuevos», sería objeto de la dura sanción real que provocó el exilio de su autor hasta su muerte en 1272[26].

Y todo un símbolo de la censura de pensamiento, de traición al intelectual por parte de los medios académicos más conservadores, lo representará la condena (no sería la primera) en 1277 por el obispo de París Esteban Tempier de doscientas diecinueve tesis consideradas heréticas. En términos muy generales, tal reprobación implicaba incompatibilizar verdad filosófica y verdad teológica, que el llamado «averroísmo latino» había tratado de conjugar[27]. Por lo que respectaba a la institución universitaria, suponía acentuar las diferencias entre los maestros de dos facultades: la de artes y la de teolo-

---

[23] E. H. Weber, *La controverse de 1270 à l'Université de Paris et son retentissement sur la pensée de Saint Thomas d'Aquin,* París, 1970. F. León Florido, *1277. La condena de la filosofía. Edición del Syllabus del obispo Tempier en la Universidad de París,* Madrid, 2018, págs. 66-67.

[24] Véase la breve antología de T. Gosset *Mujeres místicas. Época medieval,* Palma de Mallorca, 1998, págs. 57-58.

[25] Y a su discípulo Jerónimo de Praga le cupo el mismo destino unos meses después. J. Macek, *La revolución husita,* Madrid, 1975, pág. 69.

[26] P. Labal, *Le siècle de Saint Louis, op. cit.,* págs. 83-85.

[27] Expresión esta popularizada a comienzos del pasado siglo por P. Mandonnet, *Siger de Brabant et l'averroïsme latine au* XIII *siècle, op. cit.,* hoy en día puesta ampliamente en cuestión.

gía[28]. Destacable es también que de forma expresa se cite, al comienzo de un párrafo de este especial *Syllabus,* el tratado *De amore,* de André le Chapelain, y que hasta en cinco de las proposiciones se recuerde lo reprobables que resultan algunas licencias amorosas[29].

Compromiso *del* intelectual pero también (b) ¿traición *del* intelectual medieval?

En el marco de estas disputas, y aparte de una traición *al* intelectual, ¿no se daría también una traición *del* intelectual en el Medievo (algo apuntado ya por el propio Benda)?

Llamativo resultaría, de acuerdo con nuestros parámetros, el caso del ya mencionado Federico II, quien, pese a sus sonados enfrentamientos con distintos pontífices, declaró (entre 1220 y 1224) a la herejía crimen de lesa majestad: el hereje era equiparado al rebelde que atentaba contra la dignidad imperial de origen tan divino como la papal[30].

Con posterioridad, sonados ejemplos de «traición» los protagonizarán prestigiosos autores franceses como Jean Gerson y Pierre d'Ailly. Aunque convencidos conciliaristas, no dudaron en avalar en el Concilio de Constanza (1414) la condena de Jan Hus por no retractarse de sus doctrinas, consideradas deudoras de los errores de

---

[28] Para este tema, y aparte del título citado en anterior nota de F. León Florido, *1277. La condena de la filosofía, op. cit.,* véanse también M. M. Mac Laughlim, *Intellectual Freedom and its Limitations in the University of Paris in the* XIII *and* XIV*th Centuries,* Nueva York, 1977; M. M. H. Thijssen, *Censure and Heresy at the University of Paris. 1200-1400,* Filadelfia, 1998, y L. Bianchi, *Censure et liberté intellectuelle à l'Université de Paris (*XIII-XIV *siècles),* París, 1999. Para la censura de 1277. R. Hissette, *Enquête sur les 219 articles condamnées à Paris le 7 mars 1277,* Lovaina/París, 1977. Entre los maestros de teología, sin embargo, algunos manifestaron tempranamente sus reservas ante el *Syllabus:* Gil de Roma, Godofredo de Fontaines o Enrique de Gante. F. León Florido, *1277. La condena de la filosofía, op. cit.,* pág. 71.

[29] Recordado en A. de Libera, *Pensar en la Edad Media, op. cit.,* págs. 121-126.

[30] M. García-Pelayo, *Del mito y de la razón en el pensamiento político, op. cit.,* pág. 174.

Juan Wyclif. Al cardenal d'Ailly se le atribuye la terrible frase: «Ante un herético pertinaz yo mismo iría a prender la hoguera que le quemara»[31].

Ya en la recta final del Medievo, ilustrará esa «traición» del intelectual la toma de posición de otro animoso defensor en su juventud de las tesis conciliaristas más avanzadas: el destacado humanista Eneas Silvio Piccolomini. Elegido papa en 1458 bajo el nombre de Pío II, daría todo un giro de 180 grados a sus actitudes aperturistas de antaño y declararía heréticas las proposiciones que algunos sectores intelectuales defendían: la superioridad de la autoridad conciliar sobre la pontificia. Expresiva será su palinodia:

> Si en los Diálogos o en nuestras cartas y escritos halláis otra doctrina, rechazadla, despreciadla: pasadla por alto. Y seguid lo que ahora Os proponemos: dad más crédito a las palabras del anciano que a las del joven. No pongáis en vuestra estima más alto al laico que al Papa: ¡Rechazad a Eneas, pero aceptad a Pío! Esta carta que firmé el 23 de abril de 1463 he dispuesto que sea recogida, según es costumbre, en el *Bullarium Romanorum* bajo el título de sus tres primeras palabras: *In minoribus agentibus*[32].

Y, a modo de culminación de esa vuelta de tuerca, cabría recordar también su cambio de actitud en relación con el avance otomano en Oriente. En un principio estaría marcado por la carta enviada al sultán Mahomet II, conquistador de Constantinopla, en la que Pío II le induce a dar un giro hacia el cristianismo[33]. Y después, ya en el ocaso de su pontificado (1464), Pío II olvidará sus posiciones irenistas y promoverá una nueva cruzada, movimiento objeto por entonces de una progresiva crítica en medios políticos e intelectuales

[31] B. Guenée, *Entre l'Église et l'État. Quatre vies de prélats français à la fin du Moyen Âge,* París, 1987, pág. 283.

[32] Pío II, *Así fui papa, op. cit.,* págs. 312-313.

[33] L. D'Ascia, «El pontífice romano y el emperador troyano. La carta de Pío II (Eneas Silvio Piccolomini) a Mehmed II», en *'Ilu, Revista de Ciencias de las Religiones,* 3, 1998, págs. 7-32.

del Occidente[34]. Los últimos días de su vida, en el puerto de Ancona, le hicieron testigo del fracaso movilizador de la empresa[35].

El Bajo Medievo, buen escenario para convulsiones intelectuales, hizo de los teólogos, según F. Rapp, los grandes responsables del cuarteamiento de la sociedad cristiana de la Edad Media. El malestar profundo existente en la masa de laicos mal articulada encontraría a la postre en Martín Lutero el genio que le diera cohesión[36].

---

[34] Ya desde sus mismos orígenes. Para esta cuestión, entre otros trabajos, véase E. Siberry, *Criticism of Crusading. 1095- 1274,* Oxford, 1985.

[35] Pío II, *Así fui papa, op. cit.,* pág. 335 y las páginas del «Epílogo» redactadas por A. Castro Zafra, págs. 338-344.

[36] F. Rapp, *La iglesia y la vida religiosa en Occidente a fines de la Edad Media,* Barcelona, 1973, págs. 293-298.

Capítulo 11

La bohemia y sus derivaciones: ¿una perversión del mundo intelectual?

La visión en positivo de la imagen del intelectual se fue consolidando a medida que avanzó el siglo XIX. Paralelamente, se miró con reservas otra figura: la del bohemio, no fácil de definir y con frecuencia incluida en el campo de la marginación[1].

La demonización de ciertos grupos sociales

Como difuso colectivo (la *bohème)* fue fustigada por Karl Marx en un conocido panfleto contra quien sería Napoleón III (Napoleón «el pequeño», para Victor Hugo) y sus sicarios de la Sociedad del 10 de diciembre. Constituiría esta un conjunto de desclasados, fuerza de choque de la reacción política. Entre sus integrantes figurarían gentes de muy variado pelaje:

[1] A este mundo dediqué algunos trabajos, recopilados en el volumen *Fronterizos de Clio (Marginados, disidentes y desplazados en la Edad Media),* Granada, 2003 (especialmente el titulado «Historia y marginación: mundos desvelados y mundos por desvelar. Un modelo especialmente aplicable al Medievo», págs. 13-30).

> Junto a *roués* (libertinos) arruinados, con equívocos medios de vida y de equívoca procedencia, junto a vástagos degenerados y aventureros de la burguesía, vagabundos, licenciados de tropa, licenciados de presidio, esclavos huidos de galeras, timadores, saltimbanquis, *lazzaroni,* carteristas, rateros, jugadores, *maquereaux* (proxenetas), dueños de burdeles, mozos de cuerda, escritorzuelos, organilleros, traperos, afiladores, caldereros, mendigos, en una palabra, toda esa masa informe, difusa y errante que los franceses llaman la *bohème;* con estos elementos, tan afines a él, formó Bonaparte la solera de la Sociedad del 10 de diciembre, «Sociedad de beneficencia», en cuanto que todos sus componentes sentían la necesidad de beneficiarse a costa de la nación trabajadora [...] infraproletariado de París, hez, desecho y escoria de todas las clases [...][2].

En resumen, Marx nos está hablando de un simple y variado subproducto social caracterizado por su parasitismo y su automarginación.

Ello no impidió que la bohemia gozase en algunos sectores de opinión de cierto atractivo por su espíritu «rebelde». Idea recientemente matizada por algunos autores, como el politólogo italiano E. Traverso, para quien la bohemia fue una síntesis de izquierda populista antiburguesa y antidemocrática trufada de nacionalismo antirrepublicano que, sin nostalgia ya por el antiguo régimen, volcó su atención en la creación de un nuevo orden. Serían los casos de Céline, Barrès o Brasillach en Francia, Marinetti en Italia o Van den Bruck en Alemania. Las propias personalidades de Hitler y Mussolini, ¿no habrían sido las de dos individuos que sintieron en su juventud un fuerte atractivo por el mundo bohemio?[3].

---

[2] K. Marx, *El 18 brumario de Luis Bonaparte,* Barcelona, 1971, pág. 85.
[3] E. Traverso, *Melancolía de izquierda,* Barcelona, 2019.

¿Una bohemia medieval? El mundo de los goliardos

¿Cabe presentar a los goliardos medievales como auténticos bohemios? Su vagabundeo (imagen de *clerici vagantes),* su exaltación del amor carnal, el juego y la bebida hacen de la taberna «el centro de culto y en ella se cantan atrevidas parodias de la liturgia y de los oficios divinos que son a veces verdaderas blasfemias»[4]. En ocasiones se les ve con una cierta ternura —esa condescendencia hacia los desvaríos de la juventud—, pero también con temor y desprecio. Como turbadores del orden son, en efecto, potencialmente peligrosos para el medio urbano en el que tienden a moverse[5].

La poesía goliardesca en un sentido más coherente se remitiría esencialmente a dos textos: el manuscrito del siglo XI conservado en Cambridge y conocido por tanto como los *Cambridge Songs,* con canciones de amor, bebida, endechas y relatos fantásticos en donde hay piezas escolares y textos sacados de Ovidio, Estacio o Catulo; y los *Carmina Burana,* compilación del siglo XIII de calidad literaria muy superior. Del anonimato general se libran algunas figuras; dos en especial. Uno será Hugo de Orleans, nacido a finales del siglo XI; y el otro es conocido como el Archipoeta, probablemente nacido en el valle del Rin y protegido a mediados del siglo XII por personajes de la talla de Reinaldo de Dassel, arzobispo de Colonia y canciller del emperador Federico Barbarroja[6].

Existe la tentación de establecer un símil a largo plazo entre goliardos y la *bohème* moderna. Sin embargo, su legado literario (esos *Carmina burana* que recogen algunas de las más famosas e

---

[4] R. Arias y Arias, «Introducción» a la útil antología *La poesía de los goliardos,* Madrid, 1970, pág. 10.

[5] J. Le Goff, *Los intelectuales en la Edad Media, op. cit.,* págs. 39-41. A. Arranz, «De los goliardos a los clérigos falsos», *Espacio, Tiempo y Forma,* serie III, Historia Medieval, 2012, págs. 43-88.

[6] J. Paul, *Historia intelectual del Occidente medieval, op. cit.,* págs. 287-289.

importantes muestras de la poesía latina medieval)[7] haría de ellos algo más que una pura excrecencia cultural. Que no concluiría con la supuesta estabilización de las gentes del saber en las universidades, ya que estas son en muchas ocasiones focos de turbulencia... y no solo en el sentido puramente intelectual que hemos apuntado en pasajes anteriores[8]. París podía ser el paraíso en cuanto a riqueza material y vida cultural superior *(Parisium paradisium),* pero «para los pobres es una ciénaga ávida de presas», según opinión de Evrard el Alemán[9].

El espíritu rebelde de los goliardos se prolongaría más allá de su edad de oro (siglos XII-XIII) con figuras tan conocidas entre nosotros como la del Arcipreste de Hita, cuya parodia de las horas canónicas o su sátira contra los clérigos de Talavera se inspirarían en textos latinos de signo goliárdico[10].

El malditismo: ¿exacerbación de la bohemia?

En relación con esa marginalidad y vagabundeo cultural propios de la bohemia, estaría una especial derivación, cual es el «malditismo» atribuido a ciertos autores. El origen de la expresión se encuentra en una obra de Paul Verlaine de finales del siglo XIX en la que, tomando el ejemplo de autores como Rimbaud o Mallarmé, destacaba que su mismo genio había sido la causa de su maldición y de su

---

[7] Cfr. R. Arias y Arias, *La poesía de los goliardos, op. cit.,* págs. 125 y ss.

[8] Cfr. las estampas recogidas por C. Dupille y P. Lyautey, *Les enragés du XV siècle. Les étudiants au Moyen Âge,* París, 1969.

[9] J. Le Goff, *Los intelectuales en la Edad Media, op. cit.,* pág. 40.

[10] «Cántica de los clérigos de Talavera», en Juan Ruiz, Arcipreste de Hita, *Libro de Buen Amor,* ed. de Alberto Blecua, Madrid, 1992, págs. 442-443; observación del editor en «Introducción», págs. XXVI-XXVII. En su más polémica obra, C. Sánchez-Albornoz defendió esta misma idea al exaltar las influencias transpirenaicas en la obra del Arcipreste frente a la tesis del influjo «mudejarista» sostenida por Américo Castro, *España, un enigma histórico,* Buenos Aires, 1971, vol. I, págs. 452-453.

vida trágica y autodestructiva[11]. Categoría de malditos[12] ha acabado aplicándose a literatos de variado signo: Keats, Poe, Céline, García Lorca, Ezra Pound o el más cercano a nuestros días Charles Bukowski. Anárquico, alcohólico, cocainómano, irreverente hacia toda clase de creencias y de incontrolada sexualidad, Bukowski resultaría un tipo difícilmente clasificable. Baste su confesión de que escribir era para él una función natural; similar pero no superior a las ejercidas por el estómago o el hígado[13].

¿Dio el Occidente medieval, dentro de la cultura escrita, tipos similares a los malditos?

Diferentes autores anónimos de la poesía goliardesca en sus momentos de apogeo bien podrían pasar por tales, dado el alarde que hicieron de su inconformismo y desarraigo social. Sin embargo, pocos como el tardío François Villon (1431-1470) responderían a ese esquema. Su *Testamento,* marcado por la angustia de una inminente muerte en la horca de la que fue salvado *in extremis,* constituye una fuente inagotable de desvergonzadas reflexiones entreveradas de pensamientos propios de un sincero cristiano («Yo soy pecador, bien lo sé / sin embargo, Dios no quiere mi muerte / sino que me arrepienta y viva el bien»)[14]. Poeta de dos caras, presentado comúnmente como antítesis del amor cortés, sus escuelas han sido la universidad, de cuyo paso por ella se siente orgulloso, aunque no obtuviera

---

[11] P. Verlaine, *Les poètes maudits,* París, 1884 (edición que se completó y amplió con la de 1888; hay una reciente versión bilingüe de Zaragoza, 2018).

[12] En el sentido más académico, la expresión «maldito» se aplica a «escritor o artista que son marginados por su forma de vivir o de pensar», en M. Moliner, voz «Maldito», en *Diccionario de uso del español,* t. II, Madrid, 1998, pág. 243.

[13] Véase como síntesis de estos caracteres su compilación de pequeños trabajos bajo el título *Fragmentos de un cuaderno manchado de vino (relatos y ensayos inéditos),* Barcelona, 2009. El «Prólogo» a cargo de D. Stephen Calonne (págs. 9-29) recoge una excelente panorámica de lo que fue la trayectoria de este peculiar autor.

[14] «Testamento», en *Poesía,* ed. de C. Alvar, Madrid, 1980, pág. 40.

con ello ningún «beneficio»[15], y el burdel («Gimo bajo ella, que me deja más liso que una tabla / con tantos excesos me agota / en este burdel donde trabajamos»)[16]. De ello resulta un Villon que puede ser tomado como un cruce de academicismo y desbordante vitalismo. Constituye un lugar común considerarlo uno de los padres de la lengua y poesía francesas. Los jóvenes lectores acostumbran a tomarlo como un precedente de sus impaciencias, sus porfías, sus desprecios y sus decepciones[17].

[15] P. Le Gentil, *Villon,* París, 1967, pág. 7.

[16] «Balada de Margot la gorda», en *Poesía, op. cit.,* pág. 90.

[17] P. Le Gentil, *Villon, op. cit.,* pág. 148.

Capítulo 12

El *Homo videns:* ¿unos antecedentes medievales con la querella de las imágenes como fondo?

Aunque un tanto a pie forzado, cabría bucear en otra aplicación al Medievo de figuras convertidas en familiares en nuestro mundo.

Del *Homo faber* al *Homo videns*

Nos referimos en este caso a las dimensiones reconocibles en la condición humana. Partirían de esa dualidad de *Homo faber* y *Homo sapiens,* a las que se han unido con el discurrir de los años otras: la del *Homo religiosus,* el *Homo oeconomicus,* el *Homo ludens,* el *Homo loquens,* el *Homo demens,* el *Homo deus*... En algunos casos estaríamos ante perfeccionamientos de un estadio anterior. En otros, se piensa, la idea de avance cabría ponerla en cuestión[1]. En esta línea se situarían las reflexiones del politólogo italiano Giovanni Sartori, acuñador de la figura del *Homo videns* tal y como recoge en las pági-

---

[1] Un vistazo a estos términos en E. Mitre, *Desprecio del mundo y alegría de vivir en la Edad Media,* Madrid, 2017, págs. 45-46.

nas de un atractivo ensayo[2]. En él se sostiene que la primacía de la imagen (televisión, vídeo, telefonía móvil...) ha dado tal hegemonía a esta que nuestra sociedad se limita a lo instantáneo, a ver sin tratar de entender, privándose así de la capacidad de adquirir ideas claras y distintas. El hábito de la lectura y la escritura en el sentido consagrado por los siglos sufre, en consecuencia, una permanente agresión limitadora de la capacidad de discernimiento de la mente humana.

A su modo y manera, ¿el hombre común del Occidente medieval fue también un *videns?*[3]. Una idea que, brevemente, se podría exponer de la forma que sigue a continuación.

El papel de la imagen en el mundo cristiano: entre la aceptación y la denigración

En su formación religiosa fue la imagen[4] y no la escritura la que nutrió su acervo espiritual, ya que se trataba de un *illiteratus* en el sentido más profundo de la expresión. A través de la cultura visual aprendió las verdades de fe que las artes plásticas le transmitían. De forma especial en el mundo grecocristiano —bizantino en la expresión más consagrada—, esta situación dio pie a una disputa que, entre los siglos VIII y IX, adquirió un feroz encarnizamiento. La conocemos —y vamos a extendernos mínimamente en ello— como la «querella de las imágenes». Frente a quienes defendían en diversos

---

[2] G. Sartori, *Homo videns. Televisione e Post-Pensiero,* Bari, 1997 (ed. cast.: *Homo videns. La sociedad teledirigida,* Madrid, 1997).

[3] De forma parecida, habría que añadir, el hombre común del Medievo es también *Homo audiens* al ser receptor de mensajes verbales (sermones, catequesis varias, admoniciones diversas) elaborados por la minoría eclesiástica que rige sus destinos.

[4] El estudio de la imagen ha permitido a los historiadores en general —y no solo a los del arte— plantearse nuevas cuestiones sobre el funcionamiento social e ideológico y el poder de esta en el pasado. J.-C. Schmitt, voz «Imágenes», en J. Le Goff y J. C. Schmitt (eds.), *Diccionario razonado del Occidente medieval,* Madrid, 2003, pág. 365. Para más detalles sobre el tema, véase J. Baschet y J.-C. Schmitt (eds.), *L'image. Fonctions et usages des images dans l'Occident médiéval,* París, 1996.

grados su culto (postura definida como iconofilia, iconodulía, iconomanía o iconolatría) se situaron los detractores (postura definida como iconoclastia, iconomaquia, iconoclasmia o iconoclasmo). A la postre se impondría la primera (II Concilio de Nicea de 780 y posterior «Triunfo de la ortodoxia» de 843)[5]. El Oriente cristiano reforzó así la producción y culto honroso *(proskinesis)* a las imágenes sin que ello supusiera caer en la adoración o latría, referida solo a la divinidad. Incrementó, en consecuencia, una rica y sofisticada teología sobre el tema que ha llegado hasta nuestros días[6].

Occidente no conoció de forma tan generalizada las manifestaciones más ásperas y destructivas de la querella. Desde el siglo I, en las catacumbas romanas figurarán representaciones simbólicas de Cristo (el cordero, el pez) que sustituyen a las representaciones directas del Salvador. María aparece de forma más directa en temas como la Anunciación o la Natividad. Incluso aparecen figuraciones de apóstoles, profetas y mártires[7]. Disponemos, sin embargo, de testimonios de aversión a las imágenes como los recogidos en cánones del Concilio de Elvira (en torno el 306)[8]. Contará Occidente también con algunos iconoclastas destacados que consideraron que el culto a las imágenes implicaba riesgo de caer en la idolatría. Serían los casos del obispo Sereno de Marsella hacia el 600 o del obispo Claudio de Turín, en 827, que las retiraron de sus respectivas diócesis. Occidente —y sus papas a la cabeza— enfocó la relación de los fieles con las imágenes con un sentido eminentemente pragmático.

El respeto con el que había que tratarlas derivaba de algunos fundamentales hechos en los que se entrecruzaban lo histórico, lo legendario y lo teológico, ya fuera la creación del primer hombre

---

[5] A. Bryer y J. Herrin (eds.), *Iconoclasm, Papers given at the Ninth Spring Symposium of Byzantine Studies,* University of Birmingham (marzo de 1975), 1977.

[6] Véase la documentada obra de L. A. Uspenski *Teología del icono,* Salamanca, 2013.

[7] *Ibíd.,* págs. 71-72 y 95.

[8] «Concilio de Elvira, canon XXXVI», en J. Vives (ed.), *Concilios visigóticos e hispano-romanos,* Barcelona-Madrid, 1963, pág. 8. Un interesante estudio sobre este concilio en A. Sotomayor y J. Fernández Ubiña, *El concilio de Elvira y su tiempo,* Granada, 2005.

por Yahvé «a imagen y semejanza nuestra» (Gén. I, 26), ya fuera el misterio de la Encarnación del Verbo[9]. Pero el respeto derivaba también de esa ya mencionada escasa familiaridad del hombre medieval común con la lectura y la escritura, Necesitaban por ello las imágenes, tal como el papa Gregorio I Magno afirmó al reprender a Sereno de Marsella. Las imágenes desempeñan una triple función: cuentan la historia sagrada, fomentan la compunción de los pecadores e instruyen a los iletrados familiarizándoles con los grandes episodios de la historia cristiana. Siglo y pico después, el papa Gregorio III (731-741) amenazaría de excomunión a quienes, siguiendo las instrucciones del emperador bizantino León III, retiraran, destruyeran o profanaran «las imágenes de Nuestro Señor Jesucristo, de su gloriosa Madre María siempre virgen inmaculada y de los apóstoles y santos». Y años después, el Sínodo de Frankfurt (794) afirmaría lo que debía ser el culto a las imágenes *more occidentale,* enmendando la plana al II Concilio de Nicea[10].

Avanzando los siglos (segundo tercio del XII), el abad Suger de Saint-Denis, al adjudicar a las clases dirigentes la posesión de los instrumentos culturales (el ejercicio de la escritura fundamentalmente), dejaba a las clases inferiores la visión de las imágenes como medio de acceder a los contenidos oficiales de la cultura. Sobre este principio Honorio Augustodunensis, de acuerdo con el programa del Sínodo de Arras, considerará la pintura como la «literatura de los laicos»[11]. Y en su apartado «Sobre pinturas», capítulo CXXXII de su *De Gemma animae,* dirá que se usan en las iglesias por tres razones: «En primer lugar, para que sean leídas por los laicos, en segundo lugar, para que el edificio se adorne con dicha decoración y en tercer lugar como un recuerdo de nuestros predecesores en la fe»[12]. La cultura religiosa de aprender leyendo quedaba así reforzada —si

---

[9] L. A. Uspenski, *Teología del icono, op. cit.,* pág. 52.

[10] Para las líneas maestras del enfrentamiento, cfr. Llorca, Villoslada y Montalbán, *Historia de la Iglesia Católica,* II, Madrid, 1963, págs. 183-189.

[11] Recogido en U. Eco, *Apocalípticos e integrados, op. cit.,* pág. 45.

[12] Recogido en J. Yarza *et al., Arte Medieval II. Románico y gótico,* de la colección «Fuentes y documentos para la Historia del Arte», Barcelona, 1982, pág. 25.

no suplantada en buena medida— por el aprendizaje viendo[13], complemento imprescindible de la predicación[14].

Las disputas sobre el valor de la imagen dentro del cristianismo occidental no dejarían por ello de recrudecerse periódicamente. Rebasado el Medievo, el Concilio de Trento se erigiría en su ardiente defensor y la Iglesia barroca difundiría su culto, «pero acantonadas en unos límites cada vez más estrechos y mejor marcados por eso que a partir de entonces podía denominarse con toda propiedad "arte religioso"»[15].

---

13 Sobre las emociones de la pintura religiosa en el creyente, véase el ensayo de un musulmán de ascendencia iraní, Navid Kermani, *Incrédulo asombro. Sobre el cristianismo,* Madrid, 2018.

14 La imagen se utilizaría no solo en la predicación sino también en el combate contra la heterodoxia. L. A. Uspenski, *Teología del icono, op. cit.,* pág. 86.

15 J.-C. Schmitt, «Imágenes», en *Diccionario razonado..., op. cit.,* pág. 372.

Capítulo 13

La herejía y su «acomodación» intelectual: ¿una conveniencia? ¿Un peligro? ¿Una problemática sistematización?

Por lo que respecta a la cultura escrita, ¿cabría hablar para el Medievo de una permanente antítesis: ortodoxos frente a herejes/disidentes (heterodoxos)?

Según el actual Código de Derecho Canónico (1983), herejía es «negación pertinaz de una verdad de fe que ha de creerse con fe divina y católica»[1], una definición que no altera de forma sustancial lo que el derecho eclesiástico viene sosteniendo desde siglos atrás. Entraría dentro de lo discutible qué autoridad es la que fija esa «verdad de fe» o ese conjunto de verdades designado como «dogma». Para el catolicismo, esa autoridad descansa en Roma, y su lejano origen estaría en la sentencia (frecuentemente sacada de contexto) «Roma locuta causa finita est», pronunciada por san Agustín con motivo de la condena de la doctrina pelagiana en 417[2].

---

[1] *Código de Derecho Canónico,* ed. bilingüe (cuarta edición), Parte III, Lib. III.751, Madrid, 1983, pág. 347.

[2] K. Schatz, *El primado de Roma. Su historia desde los orígenes hasta nuestros días,* Santander, 1996, pág. 63.

La tradición paulina y las enumeraciones de herejías

Sin embargo, el término «herejía» no adquirió, en su basamento etimológico, ese sentido peyorativo-negativo que habitualmente se le ha dado. Cabe remitirse como prueba a la frase que recoge san Pablo (1 Cor. 11-19): «Conviene que haya entre vosotros herejías *[haereses* en la versión vulgata] [...] para que se vea quién es de probada virtud». La segunda parte del aserto parece indicar que a través de la existencia de lo negativo se puede llegar a descubrir lo positivo. Otras han sido también las interpretaciones dadas al pasaje paulino, habida cuenta de que la palabra «herejías» podría equivaler a «bandos», «parcialidades» o «facciones», no necesariamente portadoras de errores[3]. Podría traducirse el término incluso como «escuelas». Se utilizaría para referirse a las «filosofías» existentes en Palestina en tiempos de Jesús: Flavio Josefo destaca las de fariseos, saduceos y esenios[4]... O a las escuelas médicas que san Isidoro en sus *Etimologías (Etim.* IV, 4) llama «herejías»: los seguidores de Apolo, los de Esculapio y los de Hipócrates[5].

Con todo, el éxito del vocablo «herejía» cabe atribuirlo al sentido negativo del que se lo rodea (y, sobre todo, a su seguidor: el hereje): pertinaz arraigo de una corriente de opinión denunciada como grave peligro para la unidad de la Iglesia. La historia de esta —y en especial durante los siglos medievales— habría sido, fundamentalmente, la de su lucha contra las herejías/herejes. En términos más

---

[3] Un análisis del pasaje paulino en H. Grundmann, «Oportet et haereses ese. Il problema dell'eresia rispecchiato nell'esegesi biblica medievale», en Ovidio Capitani (ed.), *L'eresia medievale,* Bari, 1971, págs. 23-60.

[4] Una honorabilidad que el autor judeo-romano no otorga a los zelotas, famosos por su fanatismo y crueldad. Flavio Josefo, *Guerra de los judíos y destrucción del templo y ciudad de Jerusalén,* ed. de J. Martín Cordero, Libro Quinto I, vol. II, Barcelona, 1971, págs. 43 y ss.

[5] San Isidoro de Sevilla, *Etimologías,* ed. de J. Oroz Reta, M. A. Marcos Casquero y M. C. Díaz y Díaz, Lib. IV, cap. 4, t. II, Madrid, 1982, pág. 485.

laxos: de la ortodoxia frente a la heterodoxia, un enfrentamiento que se remontaría a los orígenes mismos del cristianismo, en que verdad y error aparecen muy mezclados. (Ya el propio término «ortodoxia» —del griego *doxa*—, definida como «recta opinión», resulta un tanto ambiguo. Así lo recuerda G. Sartori, puesto que la opinión como tal es siempre subjetiva y ello entraría en conflicto —lingüístico al menos— con la inquebrantable verdad con que se la quiere identificar)[6].

* * *

En los siglos siguientes a la advertencia paulina, los grandes autores eclesiásticos tendieron a elaborar relaciones de herejías; errores de los que el buen cristiano debe mantenerse alejado. Las más populares —verdaderas guías para los debeladores del error a lo largo del Medievo— serían las de san Agustín, quien cita hasta ochenta y ocho herejías, y san Isidoro, que las reduce a sesenta y siete, aunque aparezca alguna surgida en el tiempo que transcurre entre el santo norteafricano y el hispalense[7]. Ambas se iniciarían con la de los simonianos/simoniacos, herederos de Simón el Mago, que, según las Escrituras, trató de comprar a los apóstoles el don del Espíritu (Act. 8. 9-20). A lo largo del Medievo el término «simonía» se aplicaría a la mercadería de beneficios eclesiásticos, denunciada enérgicamente como herejía bajo el papa Gregorio Magno[8]. Pese a ello, constituyó un frecuente quebradero de cabeza para pontífices y esclarecidos regeneradores de la vida religiosa.

A cualquier error que la autoridad eclesiástica detecte a lo largo del Medievo se tenderá a asignarle un nombre (a pie forzado muchas veces) extraído de las relaciones del hiponense o del hispalense. Ver-

---

[6] G. Sartori, *Homo videns, op. cit.*, pág. 82.

[7] Cuestión abordada en E. Mitre, *Ortodoxia y herejía entre la Antigüedad y el Medievo, op. cit.*, págs. 75 y 99.

[8] R. Rizzo, «Papa Gregorio Magno e la simoniaca haeresis», *Augustinum*, vol. 53, núm. 1, 2013, págs. 195-230.

bigracia, el de arrianos, maniqueos[9] o cátaros[10], utilizados especialmente contra los herejes del mediodía de Francia de los siglos XII y XIII, cuando ellos (o al menos sus dirigentes) se decían simplemente cristianos que defendían la pureza del mensaje de Cristo frente a las deformaciones introducidas por el aparato eclesiástico romano[11].

Otras religiones monoteístas. ¿Otras herejías?

El sumun en la tergiversación de homologaciones negativas se alcanzará con la consideración de las otras dos grandes religiones monoteístas de tronco abrahámico como herejías, como mezcla de distintas herejías o al menos como propicias a aliarse con herejías propiamente dichas o con enemigos de la fe cristiana en sentido lato[12].

En el caso hispánico, es bien conocida la tradición creada en torno al apoyo judío a los musulmanes invasores en el 711[13]. Una

---

[9] Y. Congar, «Arriana haeresis comme désignation du néomanichéisme au XII siècle: contribution à l'histoire d'une tipification de l'hérésie au Moyen Âge», *Revue des sciences philosophiques et théologiques,* 43, 1959, págs. 449-461. La herejía en el mediodía de Francia como un capítulo en la historia del maniqueísmo se vio consagrada a través de obras de amplia difusión como la de S. Runciman, *Le manichéisme médiévale,* París, 1972 (original de 1949), págs. 72 y ss.

[10] La denominación de «cátaros» para estos herejes está universalmente admitida y han contribuido poderosamente a ello obras de síntesis como las del prolífico especialista en temas de cultura occitana R. Nelli con títulos de alta divulgación como *Les cathares,* París, 1972, o *La vie quotidienne des cathares du Languedoc au XIII siècle,* París, 1967.

[11] Idea defendida en los últimos tiempos por figuras como la de la heresióloga A. Brenon, con algún llamativo título como *Les cathares. Vie et mort d'une Église chrétienne,* París, 1996.

[12] Entre los trabajos dedicados al estudio de estas conexiones establecidas desde la ortodoxia católica, véase el valioso de A. Echevarría *The Fortress of Faith. The Attitude towards Muslims in Fifteenth Century Spain,* Leiden/Boston/Colonia, 1999, págs. 164-170. Véase también la recopilación de algunos trabajos míos en forma de pequeño libro bajo el título E. Mitre, *Los credos medievales..., op. cit.*

[13] R. González Salinero, «Judíos y arrianos: el mito de un acercamiento inexistente», *Sefarad,* 64, 2004, págs. 27-74.

sospecha de alianza —bien intelectual, bien política— con los distintos enemigos de la fe católica que se repetirá en las más variadas situaciones y que hará del judío talmúdico (espejo de perfidia y deslealtad) objeto de reiterada inquina[14]. ¿No era la contumacia del judío en mantener su credo religioso similar a la del hereje en aferrarse a sus errores? Los conversos judaizantes de finales de la Edad Media hispánica pasarían a integrarse en esta categoría[15].

Para el caso del islam, el mensaje de Mahoma a los ojos de sus seguidores era una culminación (y purificación también) del recibido por judíos y cristianos. En el otro sentido, a ojos de importantes sectores intelectuales del Medievo cristiano, el islam no era más que otra herejía que se sumaba a las establecidas en sus listas por un Agustín de Hipona o un Isidoro de Sevilla. O, cuando menos, una mezcla de viejas herejías a las que se había dado un nuevo impulso. El abad de Cluny Pedro el Venerable, que hizo un viaje a Toledo en la primera mitad del siglo XII, dirá que: «Ya sea que se dé al error mahometano el vergonzoso nombre de herejía, ya se le dé el infame nombre de paganismo, hay que obrar contra él, es decir, escribir».

De hecho, lo consideraba en la línea de los grandes movimientos heréticos que se habían desarrollado a lo largo de la historia: maniqueos, arrianos, macedonianos, donatistas, pelagianos...[16]. Y siglo y pico más tarde, los redactores del texto alfonsí dedicado a la historia de España afirmarían que árabes y norteafricanos de época anterior a Mahoma dudaron entre adherirse «a la creencia de los cristianos o a la de los judíos o a la secta de los arrianos» para, a la postre, optar por el perverso mensaje del islam[17].

---

[14] E. Mitre, *Los credos medievales..., op. cit.,* págs. 104 y ss.

[15] *Ibíd.,* págs. 133 y ss.

[16] C. Iogna-Prat, *Ordonner et exclure. Cluny et la société chrétienne face à l'hérésie, au judaïsme et à l'islam (1000-1150),* París, 1998, pág. 339.

[17] R. Menéndez Pidal (ed.), *Primera crónica general de España, op. cit.,* pág. 261.

Capítulo 14

Las reformas: entre regeneración y ruptura

Dado el áspero sentido otorgado al vocablo «herejía», otros términos se han puesto en juego a lo largo del tiempo a fin de crear un clima más distendido entre las distintas partes enfrentadas. Uno es el de «reforma», una expresión que se ha identificado comúnmente con la quiebra en el Quinientos de la unidad de la cristiandad occidental, aunque se haya destacado con cierta frecuencia la creación de un clima propicio desde fecha anterior[1]. El quinto centenario de la rebelión luterana dio renovadas alas al estudio de este tema y, en lugar de honor, al de la apasionante figura de su principal protagonista[2]. El problema, desde el punto de vista histórico e historiográfico, está dotado de una gran complejidad.

Buceando a propósito de sus raíces medievales, el vocablo «reforma» se ha aplicado también a corrientes de opinión y programas

---

[1] Valga para ello el ensayo siempre de provechosa lectura de P. Chaunu, *Le temps des réformes. La crise de la chrétienté. L'éclatement 1250-1550,* París, 1975. Desde la óptica católica, es también útil el librito de R. García Villoslada *Raíces históricas del luteranismo, op. cit.*

[2] Breve y aguda pincelada biográfica la constituye el texto de T. Kaufmann *Martín Lutero. Vida, mundo, palabra,* Madrid, 2017.

que, desde el punto de vista intelectual, social y político, respondían a un principio: la Iglesia debe estar siempre en disposición de ser reformada *(Eclesia semper reformanda est,* según la conocida sentencia). Sobre esta base, las expresiones utilizadas serán variadas: *recreare, informare, transformare, formare, corrigere...,* e implicaban cambios, fundamentalmente desde dentro, con vistas a una regeneración moral profunda[3]. Modélico será el caso de la empresa encaminada fundamentalmente a erradicar la simonía y el nicolaísmo: un movimiento conocido como «reforma gregoriana»... aunque no fuera el papa Gregorio VII (1073-1085) su primer ni único impulsor y aunque sus efectos en cuanto a conquista de libertad de la Iglesia —según se sostiene desde hace ya algún tiempo— se hicieran menos acreedores al triunfalismo de lo que autores como el clásico A. Fliche pensaron en la primera mitad del pasado siglo[4].

La expresión, con todo, tomaría cuerpo en los círculos más oficiales. Veamos un ejemplo: el de Inocencio III en su convocatoria del IV Concilio de Letrán. En la bula correspondiente se dice que es para «promover la reconquista de Tierra Santa y la reforma de la Iglesia universal. Ambos fines son tan apremiantes que no se podía omitirlos o retrasarlos sin un gravísimo peligro»[5]. Y, en círculos historiográficos, la palabra «reforma» se ha aplicado con frecuencia a la hora de referirse a la regeneración de las órdenes religiosas o a la creación de otras nuevas[6].

---

[3] Un clásico sigue siendo el de G. Ladner, *The idea of Reform. Its impact in Christian Thought and Action in the Fathers,* Cambridge (MA), 1959. Una visión general del tema la recogimos en E. Mitre, «El concepto de reforma y el mundo medieval. Realidad histórica y categoría historiográfica», en *Fronterizos de Clio, op. cit.,* págs. 121-137 (originalmente en la revista *XX Siglos,* 34, 1997, págs. 21-28).

[4] A. Fliche, *La Réforme grégorienne,* 3 vols., París, 1924-1937. Para una revisión de estas ideas, J. Paul, *La Iglesia y la cultura en Occidente (siglos IX-XII). 1/La santificación del orden temporal y espiritual,* Barcelona, 1988, págs. 209 y ss.

[5] «Bula de convocatoria del concilio *Vineam Domini Sabaoth*», de 10 de abril de 1213, en R. Foreville (ed.), *Lateranense IV, op. cit.,* pág. 139.

[6] Para el mundo monástico, por ejemplo, véanse B. Bolton, *The Medieval Reformation,* Londres, 1983, o G. Constable, *The Reformation of the twelfth century,* Cambridge University Press, 1996.

Frente a la reforma acometida desde arriba se daría la impulsada por personajes o fuerzas más radicales, equiparadas a la herejía o, al menos, anatematizadas en consecuencia. Los vocablos «pataria»/«patarinos» para designar a los grupos más exaltados de la Italia de la plenitud medieval harán fortuna no solo histórica sino historiográfica[7]. En terreno similar es bien conocida la interpretación que, desde la óptica marxista, se ha dado del movimiento husita[8]. O, para fecha posterior, de la rebelión sociorreligiosa impulsada por el coetáneo (y rival) de Lutero Tomás Münzer[9].

---

[7] Cfr. la vieja visión de G. Volpe, *Movimenti religiosi e sette ereticali nella società medievale italiana. Secoli XII-XIV,* Florencia, 1971, págs. 5-15 (original de 1922). Visiones renovadoras se dieron con posterioridad, como las recopiladas por E. Dupré-Theseider, *Mondo cittadino e movimenti ereticali nel Medio Evo,* Bolonia, 1978.

[8] Caso de J. Macek, *¿Herejía o revolución? El movimiento husita,* Madrid, 1967.

[9] Cfr. el clásico de E. Bloch *Thomas Münzer, teólogo de la revolución, op. cit.*

Capítulo 15

La difusión académica de otros términos (I): herejías o ¿disidencias?

En nuestros días, los términos «disidencia»/«disidentes» vienen aplicándose al posicionamiento sociopolítico-intelectual de quienes ya desde los años veinte, y sin renunciar a sus posiciones de izquierda (Fernando de los Ríos, Ignazio Silone, George Orwell, André Gide, Arthur Koestler), fueron muy críticos con la rigidez del sistema soviético[1]. En términos retóricos serían definidos como «herejes y renegados». ¡Curiosa remembranza de raíces medievales! No constituyeron un frente homogéneo, pero quedaron marcados, según Isaac Deutscher, por comunes resentimientos e individuales reminiscencias[2].

Dentro de la órbita comunista, y en decenios avanzados del xx, destacarían otros discrepantes. Sería el caso del polaco-lituano Czesław

---

[1] Las reservas de Fernando de los Ríos se recogerán en su obra *Mi viaje a la Rusia sovietista,* aparecida en 1921 y de la que se han publicado varias ediciones. En el caso de A. Gide con su *Regreso de la URSS,* seguido de *Retoques a mi regreso de la URSS* (entre 1936 y 1937), se utilizan pautas críticas similares a las manejadas contra la política colonial de Francia en el Congo francés y en Chad entre 1926-1927. André Gide, *Viaje al Congo,* Madrid, 2017, pág. 97.

[2] I. Deutscher, *Herejes y renegados,* Madrid, 1970, pág. 16 (original de 1955).

Miłosz (premio Nobel de Literatura en 1980), más simpatizante que militante de la causa comunista, con la que rompió a principios de los cincuenta[3]. También el del político de la antigua Yugoslavia titista Milovan Đjilas, con una obra aparecida en 1957 en la que se cuestionaba el papel innovador del partido comunista, erigido en una nueva clase privilegiada[4]. O los del poco valorado hoy en día Andréi Amalrik († 1980)[5] o el tardíamente reconocido ya sin reservas (y también Nobel de Literatura en 1970) Aleksandr Solzhenitsyn. Ya universal aprecio obtuvieron Andréi Sájarov en la Unión Soviética, Václav Havel en Checoslovaquia o Jacek Kuroń en Polonia. Para al autor franco-búlgaro Tzvetan Todorov, el disidente es quien opta por una resistencia no armada ni política, sino basada en actos puramente morales y sencillos como ayudar a los perseguidos y decir la verdad proclamándola en público[6].

Para los de mi generación, la expresión «disidencia» tiene una especial aplicación a las convulsiones del 68 que sacudieron a las sociedades tanto a un lado (el mítico «mayo francés») como a otro del llamado «telón de acero» (la abortada «primavera de Praga»)[7]. Como curioso reflejo en nuestro mundo académico, se ha hablado de «generación del 68 de historiadores españoles». Nos concernía —al menos para el caso de los medievalistas— a quienes por razones de edad no vivimos la Guerra Civil (muchos ni habíamos nacido siquiera por aquellos trágicos años) y no nos sentíamos comprome-

[3] C. Milosz, *El pensamiento cautivo,* Barcelona, 1985 (originalmente «leído a escondidas, accedió en 1956 a ser citado oficiosamente»), *ibíd., post scriptum* para la edición francesa de 1961, pág. 20.

[4] M. Đjilas, *La nueva clase. Análisis del régimen comunista,* Buenos Aires, 1963 (la obra original es de 1957). Ya A. Gide, en *Regreso de la URSS, op. cit.,* pág. 129, hablaría del régimen soviético estalinista como de la «dictadura de la burocracia sobre el proletariado».

[5] Con una obra bajo el llamativo título de *¿Sobrevivirá la Unión soviética hasta 1984?,* publicada originalmente en 1970.

[6] T. Todorov, *El hombre desplazado,* Madrid, 2008, pág. 100.

[7] El cincuentenario de estos acontecimientos ha dado pie a una proliferación de ensayos dedicados al tema. A título de ejemplo, el accesible y recomendable de A. Elorza, *Utopías del 68. De París y Praga a China y México,* Barcelona, 2018.

tidos, pero tampoco particularmente constreñidos, con relación a su legado. Tratábamos, en su mayoría y por diversos medios, de relacionarnos con aquello que los historiadores del otro lado de los Pirineos venían haciendo desde hacía ya algún tiempo[8]. En el estudio de la vida religiosa medieval, por ejemplo.

* * *

¿Cómo se ha aplicado al estudio del mundo medieval la expresión «disidencia»?

Es indudable que se ha abierto paso en los medios académicos como alternativa (y con una capacidad abarcadora superior) al término «herejía». En origen, recuerda José Forné, deriva del latín: la emplea Cicerón en *La República (Dissideo)* para designar el desacuerdo, la discrepancia, la desunión perceptible en diferentes terrenos, entre los cuales se encuentra el teológico. Con frecuencia, «el pasado ayuda a comprender el presente pero este último puede ayudar a comprender el pasado», dados los llamativos paralelismos que a veces se dan[9].

D. Iogna-Prat advierte que este término aparece en francés en 1539 para designar a quienes practican otra religión. Podría adelantarse un siglo atrás, aunque de forma no demasiado precisa, para referirse a la «discordia» o «discordancia». La generalización de su uso no se produciría hasta el último tercio del siglo XVIII[10]. En Ingla-

---

[8] J. Aurell, «Le médiévisme espagnol au XX siècle: de l'isolationisme à la modernisation», *Cahiers de civilisation médiévale,* 48, 2005, pág. 211.

[9] José Forné, «Approche pluridisciplinaire du concept de Dissidence», *Heresis. Revue semestrielle d'Histoire des dissidences médiévales,* núm. 36-37 (número temático bajo el título *Hérétiques ou dissidents? Réflexions sur l'identité de l'hérésie au Moyen Âge),* 2002, págs. 278-292.

[10] D. Iogna-Prat, «Autorité, hérésie et dissidence dans le Moyen Âge occidentale», en J. P. Albert, A. Brenon y P. Jiménez (dirs.), *Dissidences en Occident des débuts du christianisme au XV siècle. Le religieux et la politique,* Toulouse, 2015, páginas 59-60.

terra se utilizaría un término con sentido semejante al de disidencia: el de *nonconformity* para referirse a los críticos con el papel de la Corona como *Supreme Gobernor*. Serían los *Recusants papalistes* y, sobre todo, los grupos (de tendencia puritana por lo general) opuestos a la oficialidad de la Iglesia de Inglaterra[11].

Por sus diversas tendencias espirituales, el mundo medieval occitano constituye un buen campo para explorar los cambios terminológicos. La revista *Heresis* (órgano de expresión del Centre d'Études Cathares de Carcasona, fundado en 1981 a iniciativa de René Nelli y que cerró sus puertas en 2011 en el turbión de la crisis económica) se subtituló en sus primeros tiempos *Revue semestrielle d'hérésiologie médiévale*. Con los años, se planteó un cambio, especialmente en dos momentos: en 1990 se jugó con expresiones alternativas: «disidencia», «novación»[12]... Así, en 2000 el subtítulo de *Heresis* se transformó en *Revue semestrielle d'histoire des dissidences médiévales*[13].

Recientemente, un organismo que promueve el estudio de estos fenómenos se designa «Colectivo internacional para la investigación sobre el catarismo y las disidencias» (CIRCAED). La profesora Brenon, incansable impulsora de estas empresas, definió las disidencias como alejamientos de un tronco original para marcar desacuerdo. El ejemplo tipo lo representarían los grupos de naturaleza cátara, y en especial sus «hombres buenos», ansiosos de marcar distancias con las

---

[11] Véanse las correspondientes voces de E. A. Livingston (ed.), *The Concise Oxford Dictionary of the Christian Church*, Oxford, 1977.

[12] *Mouvements dissidents et novateurs*, actas del encuentro de especialistas publicadas en *Heresis*, núms 12-14, 1990. Por «novatores» se conocía en el mundo hispánico de finales del XVII e inicios del XVIII a aquellos eruditos —previos a los ilustrados— que pretendían abordar el pasado histórico de su país liberándole del cúmulo de leyendas del que habitualmente se le había rodeado. Véase J. Álvarez Junco y G. de la Fuente Monge, *El relato nacional. Historia de la Historia de España*, Madrid, 2017, págs. 115 y ss. En el castellano actual, «novador» es palabra apenas empleada, y tiene la equivalencia de «innovador».

[13] Cfr. la justificación de este cambio en P. Jiménez, «Introduction», *Heresis*, núm. 36-37, 2002, págs. 7-12.

autoridades romanas[14]. En línea similar se situaría Pilar Jiménez con el llamativo rótulo de su tesis doctoral[15]. En ella partía de una rebelión contra aquellos historiadores que allá por los años cincuenta-sesenta habían visto el catarismo como un cuerpo extraño al cristianismo medieval: una especie de resurgencia del viejo maniqueísmo. Esa era, precisamente, la visión que dieron en su día los polemistas católicos[16].

En cuanto a este cambio (o alternancia) de carácter terminológico, una de las figuras más reseñables es, sin duda, la del profesor André Vauchez, uno de los renovadores de la historia de la vida religiosa en el Occidente medieval[17]. Significativo es el título de una valiosa recopilación de sus trabajos en donde defiende sin ningún reparo el uso de la palabra «disidencia» como alternativa a la de herejía[18]. Así, en un tema como el de las beguinas, nos encontraríamos con un caso de disidencia disciplinaria más que de herejía propiamente dicha. Y en otro —los rebeldes utraquistas del siglo XV— estaríamos frente a un movimiento disidente que escapó a la represión eclesiástica llegando a un acuerdo con Roma en un tema delicado: el de la comunión de los laicos bajo las dos especies eucarísticas[19]. Los acusados de heréticos en la Edad Media —concluye— pudieron estar «desviados de la norma romana, pero no eran alternativos en relación con el cristianismo»[20]. (Y, descendien-

---

[14] Consúltese, entre otras aportaciones de esta autora, la valiosa recopilación de trabajos bajo el título *Les archipels cathares. Dissidence chrétienne dans l'Europe médiévale,* Cahors, 2000.

[15] P. Jiménez-Sánchez, *Les catharismes. Modèles dissidents du christianisme médiévale (XII-XIII siècles),* Rennes, 2008.

[16] *Ibíd.,* pág. 14.

[17] Recordemos la difundida y enjundiosa síntesis de A. Vauchez *La espiritualidad del Occidente medieval,* Madrid, 1985.

[18] A. Vauchez, *Les hérétiques au Moyen Âge. Suppôts de Satan ou chrétiens dissidents?,* París, 2014. Cfr. sobre todo su capítulo/artículo «Les hérésies, formes dissidents du christianisme médiévale», págs. 288-295 (desarrolla de hecho su intervención introductoria al coloquio *Mouvements dissidents et novaterus,* antes citado, págs. 3-5).

[19] *Ibíd.,* pág. 290.

[20] *Ibíd.,* pág. 295.

do al terreno personal: el uso del término «disidencia», bien como sinónimo de «herejía», bien como expresión de protesta social en sentido amplio, lo he utilizado con amplitud desde fecha anterior al cambio de siglo)[21].

---

[21] Valgan para ello algunos títulos que, en orden cronológico, son los siguientes: E. Mitre, «Animales, vicios y herejías (sobre la criminalización de la disidencia en el Medievo)», *Cuadernos de Historia de España,* LXXIV, homenaje a D. Claudio Sánchez-Albornoz, 1997, págs. 255-283; «La disidencia religiosa en el Bajo Medievo, ¿una forma de contestación social?», *La Edad Media,* 4, 2001, págs. 37-58; *Fronterizos de Clio, op. cit.;* «Herejía y "código" inquisitorial (algunas valoraciones actuales sobre la disidencia religiosa en el Bajo Medievo)», en *Sociedad y memoria en la Edad Media (Estudios en homenaje a Nilda Guglielmi),* Buenos Aires, 2005, págs. 243-252.

Capítulo 16

La difusión académica de otras percepciones para la herejía (II): mera invención de oponentes y creación de espacios de marginación

Llegaríamos así a una conclusión extrema aunque no desprovista de cierta lógica: la de considerar la herejía no tanto un hecho real como una invención de los rígidos celadores de la ortodoxia, a fin de desacreditar a los discrepantes y reducirles al campo de la exclusión social.

Qué entender por invención

Habría que volver al método anterior de calibrar el alcance de este término, al que pueden darse varios significados. Unos son nobles, como el de la ciceroniana *inventio,* parte de la retórica que enseña a discurrir y hallar razones para un discurso. O bien, según el también latino *invenire,* invención significa descubrimiento (Fleming inventó la penicilina). Por derivación, invención puede tener también un sentido piadoso: como hallazgo de la Santa Cruz o del sepulcro del apóstol Santiago.

Sentido del término invención

De forma peyorativa, invención significa «fabulación» o «fantasía». Y ya de forma falaz, una invención/descubrimiento de una herejía se da cuando los celadores de la fe toman conciencia de las distancias (o elaboran estas de forma a veces artificiosa) entre lo oficialmente admitido (o en trance de serlo) y las especulaciones «malignas» que se producen en sus márgenes.

La ortodoxia, según M. Zerner, inventaría la herejía a través de determinados discursos (narrativos, normativos o polémicos) puestos al servicio de las autoridades eclesiásticas romanas[1]. A. Vauchez ha sido categórico al afirmar que «la herejía no existe por sí misma, sino que ella es en cierta manera creada o inventada por la ortodoxia». Y se remite a la situación creada en el siglo XII de diabolización del herético a través de una literatura de choque que había tenido ya un gran impulso en la Antigüedad tardía. Y subraya el papel del abad de Cluny Pedro el Venerable con su tratado *Contra petrobusianos,* escrito en torno a 1140 contra Pedro de Bruys —acusado de rechazar el bautismo, el sacrificio de la misa, las oraciones por los difuntos y la autoridad de la Iglesia—, y dos obras polémicas contra judíos y musulmanes[2]. Se ha podido pensar así que el hereje/disidente no tanto se hace como lo hacen. Modélicos serían los movimientos de pobreza voluntaria que se desarrollan en el filo de la navaja[3]. Uno de los más significativos lo impulsaría Pedro Valdo (o Valdès) en la segunda mitad del siglo XII desde la diócesis de Lyon[4]. En el personaje de Pedro Valdo convergen el espíritu pau-

---

[1] M. Zerner, «Introduction» a *Inventer l'hérésie? Discours polémiques et pouvoirs avant l'Inquisition,* Niza, 1998, págs. 7-13.

[2] A. Vauchez, *Les hérétiques au Moyen Âge, op. cit.,* pág. 283.

[3] Una útil visión panorámica la facilita la vieja síntesis de T. Manteuffel, *Naissance d'une hérésie. Les adeptes de la pauvreté volontaire au Moyen Âge,* París, 1970 (original en polaco de 1963).

[4] El valdismo —parece darse un acuerdo entre los historiadores de las herejías— respondería claramente a esta pauta. Cfr. M. Rubellin, «Au temps au Valdès

perístico y el afán por extender a los laicos el derecho a la predicación[5]. Ello sin olvidar las diversas tendencias —alguna objeto de anatema— que se dieron en la órbita del franciscanismo[6].

La condena de algunas de esas corrientes será a través de procesos en principio dialécticos y más adelante jurídico-judiciales.

Exclusión, marginación: otras formas de expresar un fenómeno

El gran impulso adquirido desde hace más de un siglo por la historia social y, dentro de ella, el prestigio ganado por la historia de las mentalidades han dado pie a una serie de atractivos estudios. En lugar preferente, el del conocimiento y análisis de los grupos más desfavorecidos y dejados por lo general de lado por la «gran historia». Hoy en día resulta común hablar de una historia de los marginados, de los excluidos, y no por un único motivo[7]. El número de trabajos publicados hasta el presente en torno a ellos resulta prácticamente inabarcable[8].

El uso de los términos «marginado»/«excluido» en materia religiosa se ha aplicado en fecha reciente para cubrir un amplio espectro

---

n'était pas hérétique: hypothèses sur le rôle de Valdès à Lyon (1170-1183)», en M. Zerner, *Inventer l'hérésie?, op. cit.*, págs. 193-217.

[5] S. Guijarro, «Pedro Valdo y el despertar laico en el mundo medieval», en M. M. Marcos (coord.), *Herejes en la Historia,* Madrid, 2009, págs. 121-142.

[6] Para la figura del Poverello, también cabe citar otra obra del profesor A. Vauchez, *François d'Assise. Entre histoire et mémoire,* París, 2010.

[7] Cfr. B. Geremek, «L'emarginato», en J. Le Goff (ed.), *L'uomo medievale, op. cit.,* págs. 393-421. Algunas reflexiones sobre la materia las recogí en E. Mitre, «Historia y marginación: mundos desvelados y mundos por desvelar. Un modelo específicamente aplicable en el Medievo», en C. González Mínguez, I. Bazán e I. Reguera (eds.), *Marginación y exclusión social en el País Vasco,* Bilbao, 1999.

[8] Véanse las interesantes consideraciones de R. Córdoba de la Llave, «Los caminos de la exclusión en la sociedad medieval: pecado, delito y represión. La Península Ibérica (ss. XIII a XVI)», en *Los caminos de la exclusión en la sociedad medieval: pecado, delito y represión,* XXII Semana de Estudios Medievales, Nájera, 1-5 agosto de 2011, Logroño, 2012, págs. 13-50.

de creencias y prácticas a lo largo de un dilatado lapso: desde la aparición de la figura del intelectual hasta alcanzar las fronteras del pensamiento moderno[9]. El hereje/disidente no es, evidentemente, el único marginado/excluido del Medievo; será el *establishment* de la época el que explícita o implícitamente le sitúe en ese campo junto con otros grupos carentes del más primario afecto oficial[10].

* * *

En relación con este tema, el profesor Le Goff publicó un llamativo artículo en el que hablaba de la pobre estima, cuando no abierto rechazo social, que producían en el Medievo ciertas profesiones. Su número resultaba cambiante según épocas y autores, pero pocos fueron los sectores profesionales que lograron verse libres del estigma. Así, en diferentes testimonios y por variadas razones (el tabú de la sangre es frecuentemente invocado), aparecerán gentes tan dispares como los posaderos, carniceros, juglares, histriones, médicos, cirujanos, soldados, tintoreros, jardineros, pescadores, cambistas, prostitutas, etc., marcados como oficios «ilícitos»[11]. ¿Se trataría de auténticos marginados/excluidos? Podrían considerarse como tales en cuanto al poco aprecio generalizado que pudieran despertar. Algo, sin embargo, difícil de evaluar porque esos oficios —la prostitución incluida— parecían, después de todo, imprescindibles para el correcto funcionamiento del cuerpo social.

Y a propósito de la herejía, que convierte a su seguidor en marginado/excluido, el rechazo se expresará con figuras y comparaciones que recuerdan las difundidas en relación con ciertos oficios. La más importante asimila la herejía con alguna grave enfermedad con-

---

[9] G. Audisco (ed.), *Religion et exclusion. XII-XVIII siècles,* Aix en Provence, 2017 (original de 2001).

[10] E. Mitre, «El enclave hereje de la sociedad: el "otro" cristiano entre la teología y la moral», en *Los caminos de la exclusión en la sociedad medieval, op. cit.*, páginas 325-344.

[11] Véase J. Le Goff, «Métiers licites et métiers illicites dans l'Occident médiéval», en *Pour un autre Moyen Âge. Temps, travail et culture en Occident. 18 essais,* París, 1977, págs. 90-107.

tagiosa, al estilo de la peste o la lepra, dos de los males más temidos en la sociedad medieval[12]. Al igual que el leproso, el hereje debe ser objeto de un estricto aislamiento[13]. Y las herejías, de forma similar, constituyen males de una letalidad similar al veneno[14].

Y no está de más recordar también la representación de los males dentro de la sociedad como bestias o, cuando menos, su conexión más o menos metafórica con alguna de ellas[15]. En lugar preferente, y siguiendo la tradición veterotestamentaria más añeja, figuraría la serpiente, ya que, siendo «la más sabia entre todos los animales de la tierra», causó la desgracia original del hombre[16]. Aunque serán las de los lobos y los zorros las representaciones por excelencia de la herejía. Los primeros, con su disfraz de piel de cordero, constituyen también una cómoda metáfora escrituraria[17]. Y las zorras son las *«vulpeculae* que arrasan la viña del Señor de los ejércitos», una figura utilizada por san Jerónimo que había de tener un gran predicamento[18].

---

12 R. I. Moore, «Heresy as disease», en *The Concept of Heresy in the Middle Ages* (11th-13th C.), Medievalia Lovaniensia series, Lovaina, 1976, págs. 1-11.

13 El papel entre lo real y metafórico de las enfermedades en el Occidente medieval lo he tratado en E. Mitre, *Fantasmas de la sociedad medieval. Enfermedad. Peste. Muerte,* Valladolid, 2004.

14 E. Mitre, «Muerte, veneno y enfermedad, metáforas medievales de la herejía», *Heresis,* núm. 25, 1995, págs. 63-84.

15 Tema que tratamos en E. Mitre, «Animales, vicios y herejías (sobre la criminalización de la disidencia en el Medievo)», art. cit., págs. 255-283.

16 Gén. 3, 1-7 (recogido *ibíd.,* pág. 266).

17 *Ibíd.,* pág. 276.

18 *Ibíd.,* pág. 275. Cfr. la bula *Vineam Domini Sabaoth* redactada para la convocatoria del IV Concilio de Letrán por Inocencio III.

Capítulo 17

El hereje y su discutido bagaje intelectual

Está comúnmente admitido que con el Renacimiento se sentaron las bases de lo que definimos como historia de la cultura. La obra de Giorgio Vasari, dedicada a la vida de los pintores, escultores y arquitectos, pasa por ser una de las primeras manifestaciones. Al lado de la historia de la cultura ha ido creciendo lo que designamos como historia de las ideas o historia intelectual que, desde comienzos del siglo XX, fue adquiriendo creciente solidez y autonomía. ¿Estamos ante un campo aparentemente contrapuesto al de la historia de la vida material o, desde otras perspectivas, ante su coronación superestructural?

Es evidente que toda herejía se movió en el marco de unas condiciones sociales determinadas. Mucho es lo que se ha especulado sobre las relaciones entre los movimientos heterodoxos y los conflictos de clase. No es menos importante destacar que los disidentes hubieron de expresar sus inquietudes y las razones de su oposición al orden establecido a través de discursos que deseaban lo más coherentes posible.

La destrucción de buena parte de las obras de los condenados por herejía en la Antigüedad y el Medievo dificulta el conocimiento de su formación cultural. Excepciones, por supuesto, las hay: Prisciliano y sus tardíamente descubiertos opúsculos, algunos textos cátaros, los tratados teológicos y eclesiológicos de Wyclif y Hus, etc. En todo caso, los testimonios que se hacen eco del bagaje intelectual de los herejes proceden mayoritariamente de unos medios que no dudaron en poner en cuestión su solidez o, cuando menos, la buena fe de sus autores. Una visión sesgada que es destacada seña de la cultura antiherética.

El discurso que construyeron las autoridades eclesiásticas del Medievo no fue, sin embargo, monolítico. Los polemistas católicos recurrieron a dos ecuaciones opuestas: la del herético como simple e iletrado y la del herético como *magister in superbia, sapiens in litteris*, que ponía ese magisterio y esa sabiduría no al servicio del amor a la verdad, sino al del engaño de la gente sencilla[1]. Estas diferencias obligan a buscar una explicación en lo que, a primera vista, se antoja contradictorio.

Una visión primaria: el hereje ignorante y/o pertinaz

La forma más elemental de desprestigiar intelectualmente al hereje es negarle una suficiente formación teológica, una fortaleza para resistir las asechanzas e, incluso, una capacidad para razonar, limitaciones, se decía, que trataban de contrarrestar con una acusada contumacia, un defecto que se consideraba imprescindible para que existiera una herejía.

Vida intelectual y herejía ante la afirmación de la ortodoxia

Quienes se erigieron en guardianes de la ortodoxia se manifestaron de forma muy similar en todo el ámbito mediterráneo. Algunos ejemplos pueden resultar ilustrativos a la hora de hablar de incapacidad intelectual de los herejes, circunstancia que les hacía débiles

---

[1] L. Paolini, «Italian catharisme and writen culture», en P. Biller y A. Hudson (eds.), *Heresy and Literacy. 1000-1530*, Cambridge, 1996, pág. 84.

intelectualmente y, por ende, incapaces de resistir las asechanzas del demonio[2].

Gregorio de Tours, a mediados del siglo VI, expresaría ideas muy similares al referirse al embajador en la Galia franca del monarca visigodo arriano Leovigildo. Dirá que se trataba de un «hombre sin espíritu, carente de habilidad para razonar y solamente enemigo obstinado de la fe católica»[3].

Beda el Venerable, al referirse a Pelagio y sus especulaciones en torno al problema de la gracia, se muestra extremadamente duro. Aunque se reconociera universalmante la talla intelectual del heresiarca, el historiador y monje anglosajón dice de él que mantuvo sus abominables doctrinas y que se mostró obstinado frente a los argumentos de san Agustín y otros padres ortodoxos, quienes «citaron a multitud de autoridades contra él» que no le convencieron para retomar el camino de la fe[4]. Una pertinacia que se manifestaría en las resurgencias del pelagianismo, incluso después de la muerte de su mentor. El mismo Beda, refiriéndose a los años 634-640, arremeterá contra sectores eclesiásticos celtas. Dirá que entre ellos «estaba surgiendo una nueva herejía de una vieja», ya que la «oscura nube de su ignorancia les hacía rechazar la observación de nuestra pascua en que Cristo había sido sacrificado»[5]. La pervivencia de ciertas peculiaridades litúrgicas tenazmente defendidas era así elevada a la categoría de movimiento herético.

Alcuino de York, el gran mentor cultural de Carlomagno, sostenía que, a través de la sabiduría —identificada con los siete dones del Espíritu Santo, los siete sacramentos de la Iglesia y las siete artes

---

[2] Tal y como decía Nicetas de Remesiana, autor nacido en la Dacia y muerto con posterioridad a 414, quien atribuía además a los herejes la creencia en la existencia de varios Cristos. C. Granado (ed.), *Catecumenado de adultos,* Madrid, 1992, págs. 89-94.

[3] Gregorio de Tours, *Historie des francs,* ed. y selección de A. Duby, París, 1970, pág. 150.

[4] Beda, *A History of the English Church and People, op. cit.,* pág. 49.

[5] *Ibíd.,* pág. 137.

liberales—, los grandes doctores de la Iglesia habían vencido a los heréticos en todas las disputas públicas[6].

Por los mismos años, y al igual que Alcuino, Beato de Liébana y Eterio de Osma luchaban contra el adopcionismo de Elipando de Toledo y Félix de Urgel. Expresaban sus quejas contra el primero por tratarlos de herejes y «lebaniegos ignorantes» que poco podían enseñar a la docta sede de Toledo, que «siempre había brillado por sus santas doctrinas desde el inicio mismo de la fe»[7]. En el ardor de la polémica, la acusación de herejía y, consiguientemente, de ignorancia teológica era también arma usada por quienes al final (los adopcionistas) verían condenadas sus doctrinas.

Un legado enriquecido por la sociedad plenomedieval

Pertinacia en el error e ignorancia mezclada con infatuación serán acusaciones que de la tardia Antigüedad y el temprano Medievo pasaron a los tiempos de gran implantación de las herejías en Occidente.

Los brotes heréticos aparecidos en la primera mitad del siglo XI y definidos como maniqueos (Orleans, Arras, Lieja, Monforte...) captaron a sus adeptos entre todas las capas sociales. Sin embargo, los autores eclesiásticos que los combatieron pusieron énfasis en que se trataba de gentes de baja extracción *(plebs, rustici)* con un ínfimo nivel de instrucción[8].

---

[6] Alcuino de York, «De Gramatica», en J.-P. Migne, *Patrología Latina,* CL, 760. Cfr. en P. Riché, *De l'éducation antique à l'éducation chevaleresque, op. cit.,* pág. 94.

[7] Beato de Liébana, «Apologeticum», en *Obras completas de Beato de Liébana,* ed. de J. González Echegaray, A. del Campo y L. G. Freeman, Madrid, 1995, páginas 743 y 855.

[8] M. L. Lambert, *La herejía medieval. Movimientos populares, de los bogomilos a los husitas,* Madrid, 1986, pág. 45. Esta imagen interesada ha contribuido, sin duda, a que tomara cuerpo una idea: la de conexión entre herejía y movimiento proletario. Cfr. B. Geremek, «Mouvements hérétiques et déracinement social au Bas Moyen Âge», *Annales E.S.C.,* 1982, pág. 187.

Sobre Guido, obispo de Milán a mediados del siglo XI contra quien se levantó «el glorioso pueblo de los patarinos», Bonizón de Sutri dirá que era «iletrado, concubinario y simoniaco»[9]. Bajo nivel intelectual y depravación moral constituyen una socorrida síntesis para la diatriba antiherética.

El canonista Graciano y Honorio Augustodunensis, siguiendo las líneas marcadas por san Isidoro, acusarán a los herejes de obcecación en sus doctrinas erróneas[10]. San Bernardo dirá que a los herejes «no se les convence con razones porque no las comprenden; ni les doblegan las persuasiones, pues viven vueltos del revés. Está comprobado: prefieren morir antes que convertirse»[11].

Guillermo de Tudela, historiador de la crisis cátara a través de la crónica versificada, dirá que los herejes del mediodía de Francia «rechazan los sermones como si fueren manzanas podridas / siguen su camino errado obstinadamente»[12]. Frente a ellos, la multitud de cruzados movilizados para combatirlos aparecen como un brillante ejército de «ardientes, valientes, dichosos, libres de todo pecado»[13]. Sobre las doctrinas de los cátaros, otros autores católicos como Moneta de Cremona lanzan invectivas parecidas: *cogita-*

---

[9] Bonizón de Sutri, «Liber ad amicum», en J.-P. Migne, *Patrología Latina,* vol. 150, 825-826, citado por E. Peretto, *Movimenti spirituali laicali del Medioevo tra ortodossia ed eresia,* Roma, 1985, págs. 179-181.

[10] «Liber de haeresibus», en J.-P. Migne, *Patrología Latina,* vol. 172, col. 2134.

[11] San Bernardo, «Sermones sobre el Cantar de los Cantares. Sermón 66», en *Obras completas,* vol. V, ed. de I. Aranguren y J. M. de la Torre, pág. 833.

[12] *Chanson de la Croisade albigeoise,* ed. de H. Gougaud y M. Zink, París, 1989, pág. 41.

[13] *Ibíd.,* pág. 55. Estamos ante un texto que consta de dos partes. La primera, a la que pertenecen estos pasajes, se escribe desde una óptica abiertamente anticátara. La segunda toma partido por los meridionales; un cambio en relación con la visión monolítica de la Historia de Pierre des Vaux de Cernay, cuyo odio a los herejes es permanente. Y un cambio que se acentúa más aún en la tercera gran crónica dedicada al conflicto: la de Guillermo de Puylaurens, que constituye un lamento ante la ruina que la cruzada anticátara causó en el Midi. Valiosas consideraciones sobre estos testimonios las recoge Y. Dossat, «La croisade vue par les chroniqueurs», en VV.AA., *Paix de Dieu et guerre sainte en Languedoc au XIII siècle, Cahiers de Fanjeaux,* 4, Toulouse, 1969, págs. 234 y ss.

tiones evanescentes, fabulae ineficaces, fantasticae rationes inventiones, etc.[14].

Poco parece importar que el herético tenga en más de una ocasión una formación cultural y una capacidad dialéctica nada desdeñables.

Así, la imagen que la Iglesia romana creó sobre los valdenses es todo un modelo de desprecio de la jerarquía hacia sus ínfulas culturales. No hay que olvidar que una de las reivindicaciones principales de Pedro Valdo y sus seguidores era la extensión a los laicos del derecho a predicar, un monopolio que los clérigos no parecían dispuestos a ceder.

Walter Map, como ya algo hemos adelantado, nos legó una instructiva y sesgada descripción del interrogatorio —no carente de trampas— al que se sometió a un grupo de valdenses en el III Concilio de Letrán. Este canónigo de San Pablo de Londres nos dice de ellos que «eran gentes simples, sin letras» que pedían se les reconociese la autoridad para predicar «creyéndose capacitados para ello, cuando apenas alcanzaban un nivel medio de instrucción». Y se preguntaba: «¿Acaso la palabra puede ser entregada a unas personas simples a quienes sabemos incapaces de recibirla y, más todavía, transmitirla a su vez a otras personas?». Map concluye resaltando el ridículo al que fueron sometidos tras un interrogatorio que les obligó a retirarse confusos. Y concluye diciendo que «lo tenían bien merecido pues, incapaces de dirigirse a sí mismos, querían convertirse en guías»[15]. El calificativo de *illiteratus* atribuido como estereotipo al conjunto de los valdenses indicaba que eran incapaces de interpretar los textos correctamente, lo que los convertía en rebeldes a la Iglesia. Y, consiguientemente, en potenciales herejes[16].

---

[14] L. Paolini, «Italian catharisme and writen culture», art. cit., págs. 85-86. Sin embargo, sostiene este autor, el enfrentamiento de teólogos cátaros y católicos en lo referente a erudición demostraría un cierto reconocimiento de su formación escolástica.

[15] W. Map, *De nugis curialum,* ed. de Montague Rhodes James, Oxford, 1914, págs. 60-61, recogido por R. Foreville, *Lateranense I, II, III, op. cit.,* págs. 261-262.

[16] Idea sobre la que abundarán otros autores, como Alain de Lille. Cfr. A. Patschovsky, «The literacy of waldensianism from Valdes to c. 1400», en P. Biller y A. Hudson (eds.), *Heresy and Literacy, op. cit.,* pág. 128.

En el siglo XIII, el dominico e inquisidor Esteban de Bourbon se muestra más indulgente con Pedro Valdo, aunque siempre reconoce sus limitaciones: «No tenía buena instrucción pero estaba ansioso de saber con mayor precisión lo que decían los evangelios»[17]. En la siguiente centuria, el valdismo constituyó una tendencia minoritaria pero, quizás por ello mismo, difícil de erradicar totalmente. El inquisidor Bernard Gui expresaría el desprecio que le merecían echando mano de los viejos epítetos: «ydiote et illitferati» e «infatuados»[18].

A propósito de los apostólicos de Gerardo Segarelli, en la segunda mitad del siglo XIII, el culto y aristocrático fraile Salimbene de Parma los motejará de idiotas, bestiales, ladrones, estultos, innobles, etc. En último término, dice de ellos que «ni labran como los rústicos, ni combaten como la aristocracia militar, ni evangelizaban como los clérigos»[19]. Su deficiente preparación intelectual reforzaba así una lacra: la de ser unos parásitos dentro del cuerpo social.

Los hechos, sin embargo, se revelarían tozudos, ya que el hereje se mostraba frecuentemente portador de un bagaje intelectual muy superior al imaginado por sus detractores. De ahí la inanidad de repetir viejos tópicos y la necesidad de buscar otras salidas.

Un importante matiz añadido: la capacidad de seducción del hereje

El aparato eclesiástico contribuyó a difundir otra imagen sobre el hereje: si tenía capacidad intelectual, la orientaba a seducir a las almas más sencillas. Una figura veterotestamentaria daría al respecto un inapreciable juego: la de la serpiente, alimaña especialmente perversa y seductora que, a los ojos de los polemistas, sería una de las imágenes favoritas del discrepante religioso[20].

---

[17] Recogido entre otros por M. D. Lambert, *La herejía medieval..., op. cit.,* pág. 84.

[18] B. Gui, *Manuel de l'inquisiteur,* ed. de G. Mollat, vol. 1, París, 1964, páginas 34-35.

[19] Cfr. G. G. Merlo, *Eretici e eresie medievali,* Bolonia, 1989, págs. 101-102.

[20] Cfr. mi artículo «Animales, vicios y herejías (sobre la criminalización de la disidencia en el Medievo)», art. cit., pág. 266.

La jerarquía católica reforzó, con el paso del tiempo, un discurso: los herejes tendían a captar a sus adeptos entre las gentes menos avisadas de los bajos fondos de la sociedad. Esa capacidad de seducción era característica de los predicadores populares, devenidos a veces en pseudomesías. De tiempo en tiempo desarrollaron su actividad en Europa hasta más allá del ocaso del Medievo[21].

San Pablo, por remontarnos a los orígenes, advertía ya contra los «desobedientes, charlatanes y embaucadores» que enseñaban cosas no convenientes «por amor de una torpe ganancia»[22]. Algunos años después, Ignacio de Antioquía ponía en guardia contra los herejes que «entretejen a Jesucristo en la trama de sus especulaciones para ganar vuestra confianza, como los que sirven drogas venenosas mezcladas con vino y miel. Los incautos lo toman gustosamente y en el gozo fatal tragan la muerte»[23].

De forma similar se manifiestan otros autores entre el ocaso de la Antigüedad y los albores del Medievo.

Cuando atacaba san Agustín a sus viejos compañeros maniqueos, los acusaba de ser soberbios y extravagantes. Les censuraba, además, haberle engañado con palabras en las que mezclaban el «nombre de mi Señor Jesucristo y del Espíritu Santo, abogado y consolador de nuestras almas», aunque, en el fondo, tuvieran el corazón vacío de verdad[24].

---

[21] Amplia información en N. Cohn, *En pos del milenio, op. cit., passim.* No olvidemos, además, que los siglos bajomedievales lo son de una eclosión predicatoria (se ha hablado de un auténtico morbo predicatorio) tanto en el campo de la ortodoxia como en el de la disidencia: Vicente Ferrer, Juan Capistrano, Juan Hus, Jerónimo Savonarola, etc. Para una visión de conjunto, véase F. Rapp, *La Iglesia y la vida religiosa, op. cit.,* págs. 87-92.

[22] Tit. 1, 10-11.

[23] Ignacio de Antioquía, «Carta a los Tralianos», en T. H. Martín (ed.), *Textos cristianos primitivos,* Salamanca, 1991, pág. 98.

[24] San Agustín, *Confesiones,* ed. de I. Quiles, Madrid, 1962, pág. 59.

A mediados del siglo VI, Aurelio Casiodoro, uno de los fundadores del Medievo, se uniría a las acusaciones que, desde tiempo atrás, se estaban lanzando contra Orígenes, una de las figuras de más talla de la primitiva Iglesia y creador de la dogmática científica cristiana. Sin regatearle sus méritos intelectuales, le echaría en cara su «pésima sagacidad» y el haber engañado «sutilmente a los inocentes»[25].

Por la misma época, en el Concilio provincial de Braga de 561, se mencionan los efectos que aún estaba causando la «peste de la herejía de Prisciliano», ejecutado en Tréveris hacía ya más de siglo y medio. Se advierte de cómo, a causa de la ignorancia, algunos pueden ser «engañados por algunas escrituras apócrifas». En consecuencia, se pide una adecuada instrucción para los hombres ignorantes que, «habitando en el mismo fin del mundo y en las últimas regiones de esa provincia, no han podido adquirir ninguno o muy pequeño caudal de verdadera doctrina»[26].

Unos años más tarde, Isidoro de Sevilla dirá que los herejes «aprenden sus mentiras con mucho estudio y con vehemente trabajo, luchan por no venir a la unidad de la Iglesia»[27].

Y Beato de Liébana dirá a su vez que los herejes son «seductores que abandonan la verdad y son autores de la maligna mentira [...]. Pero sus mentiras y su perversidad las descubrió la fe católica, y por tolerancia soportó los innumerables males que le infligieron»[28].

Sobre estos materiales se construyó la pieza maestra de un discurso que, al margen de fronteras, se fue reforzando con el paso de los años. Valga para ello una muestra: los bogomilos de Oriente, considerados por algunos la matriz de las tendencias dualistas occidentales, son acusados de simular un comportamiento virtuoso de

---

[25] Casiodoro, *Iniciación a las Sagradas Escrituras,* ed. de P. B. Santiago Amar, Madrid, 1998, pág. 89; invectivas que, sin embargo, no suponían regatear la talla intelectual de Orígenes, cuyas obras se podían estudiar con provecho siempre y cuando se utilizara «como cautela la protección del Señor».

[26] J. Vives (ed.), *Concilios visigóticos e hispano-romanos, op. cit.,* pág. 66.

[27] San Isidoro de Sevilla, *Libro de las sentencias,* ed. de J. Oteo, Sevilla, 1991, cap. 16, pág. 148.

[28] Beato de Liébana, «Comentario al Apocalipsis», en *Obras completas, op. cit.,* pág. 183.

tal forma que es difícil vislumbrar en ellos rasgo alguno de actitudes mundanas. Pero en su interior «hay un lobo indomable»[29].

El hereje ante el pueblo simple

Las primeras graves resurgencias heréticas que se producen en Occidente en torno al Año Mil se prestaron a la difusión de esta imagen. El monje y cronista Raúl Glaber, al referirse al predicador popular Leutardo, lo considera un enviado de Satán. Daba por hecho que estaba loco, lo que no le impidió persuadir con su verbo a los campesinos del condado de Châlons, «que son de espíritu débil». Pudo, así, aparecer ante ellos como doctor y convencerlos de que «olvidasen la doctrina de los maestros»[30].

Los herejes aparecen como embaucadores e hipócritas de acuerdo con el sentir de los defensores de la ortodoxia... pero también para algunos personajes que llegaron a verse en graves dificultades a lo largo de su vida. Así, todo un Pedro Abelardo dirá que los herejes presentan «ante la faz del mundo una vana mortificación y una humildad de la que esperan sacar provecho terrestre»[31].

La visión de los valdenses como personas poco preparadas intelectualmente se complementó con otra: la de su capacidad «para acercarse a hombres simples y rústicos a quienes edifican en primer lugar con el ejemplo de sus buenas costumbres para, luego, instruirles sobre Cristo y los apóstoles»[32]. Y refiriéndose a su dirigente, se dirá que «se apoderó ilegalmente del oficio de los apóstoles, predicando en los caminos y plazas el Evangelio», difundiendo muchos errores y captando a sus oyentes entre gentes «ignorantes e iletrados»[33].

---

[29] Ana Comneno, *La Alexiada*, ed. de E. Díaz Rolando, Sevilla, 1989, pág. 614.

[30] Testimonio recogido por G. Duby, *L'An Mil*, París, 1967, págs. 121-122.

[31] Pedro Abelardo, *Cartas de Abelardo y Heloísa, op. cit.*, pág. 132.

[32] Según recoge Esteban de Belleville, también conocido como Esteban de Bourbon, citado por G. Volpe, *Movimenti religiosi e sette ereticali nella società medievale italiana, op. cit.*, pág. 53.

[33] Juicios vertidos por el cluniacense Ricardo de Poitiers, recogidos en *Enchiridion Fontium Valdensium*, I, ed. de G. Gonnet, Torre Pellice, 1958, págs. 165-166,

Dado su mayor peso demográfico, serán los cátaros los destinatarios de las peores y más numerosas invectivas.

Así, en el Concilio de Reims de 1157 se mencionará a la «odiosa secta de los maniqueos, que se oculta entre los pobres (imperitisimos) y bajo el velo de la religión trabaja para hundir la fe simple»[34]. Unos años después, en el III Concilio de Letrán se citará a estos herejes por distintos nombres —cátaros, patarinos, publicanos— y se advertirá de que están causando enormes estragos al predicar abiertamente su error y captando adhesiones «entre los simples y los débiles»[35].

Los textos hagiográficos no se quedaron atrás a la hora de lanzar este tipo de descalificaciones. Así, en el segundo tercio del siglo XIII, dos autores del ámbito dominico presentan al fundador de su orden en combate con los herejes, «que so color de piedad y simulando ejemplos de pobreza y austeridad evangélica seducen a las almas sencillas»[36]. O bien pugnando contra «los razonamientos injuriosos lanzados contra la Iglesia romana (y propagados por) la astucia de los herejes para seducir a los sencillos»[37].

La confusión de las gentes sencillas será una acusación frecuente contra predicadores —populares o no— que en ocasiones tienen una difícil adscripción heresiológica. Tomemos un caso: el del maestro Eckhart —posiblemente discípulo de Alberto Magno—, persona que gozó de enormes simpatías pero que también se granjeó la animadversión de influyentes personalidades. El inquisidor Jacobo Fournier —luego papa Benedicto XII— sería uno de sus principales críticos. El 27 de marzo de 1329, la bula *In Agro Dominico* promul-

---

y reproducido por E. Peretto, *Movimenti spirituali laicali del Medioevo tra ortodossia ed eresia, op. cit.*, pág. 218.

[34] Mansi, *Sacrorum conciliorum,* t. 21, col. 845, citado en R. I. Moore, «Heresy as disease», art. cit., pág. 133.

[35] «Decretos del Tercer Concilio de Letrán», en R. Foreville, *Lateranense I, II y III, op. cit.,* pág. 280.

[36] Beato Jordán de Sajonia, «Orígenes de la orden de Predicadores», en R. Gelabert y J. M. Milagro, *Santo Domingo de Guzmán. Su vida. Su orden. Sus escritos,* Madrid, 1966, pág. 155.

[37] Constantino de Orbieto, «Leyenda de Santo Domingo», *ibíd.*

gada por el papa Juan XXII condenaba veintiocho proposiciones del «llamado Eckhardus que se dice Doctor en las Sagradas Escrituras y profesor de la Orden de predicadores». Tan importante como las proposiciones en sí —unas se consideraban heréticas, otras simplemente peligrosas— lo era su inducción por el «Padre de la mentira, que frecuentemente se transforma en Ángel de la luz». Y no era tampoco cuestión menor que el predicador alemán envolviera entre tinieblas la verdadera fe, tergiversándola en «sus sermones al pueblo simple y también en sus escritos»[38].

La revuelta de trabajadores ingleses de 1381 contó con el soporte nada despreciable de un movimiento de predicadores que algunos autores consideran relacionado con las doctrinas de Juan Wyclif. El caso más notable será el del predicador popular Juan Ball, exaltado agitador contra el que apuntaron sus baterías destacados cronistas como Thomas Walsingham o Jean Froissart, reconocidos defensores del orden social vigente. Este último diría que Ball llegó con la fama de sus discursos a «oídos de la gente baja de Londres que envidiaban a los ricos y a los nobles»... y que «empezó a moverse y a soliviantarse la gente soez de Londres y a incitar a los de las antedichas comarcas (Kent, Essex, Sussex y Bedford) para que acudiesen allá con decisión arrastrando consigo a toda la plebe»... Abogando por un vago igualitarismo bíblico, ponía como modelo la sociedad de tiempos en que Adán araba y Eva hilaba y en los que no había gentilhombres[39].

---

[38] «Bula de Juan XXII *In Agro Dominico,* el 27 de marzo de 1329», en la que se condenan veintiocho proposiciones de Eckhart, recogida como apéndice a Eckhart, *El libro del consuelo divino, op. cit.,* págs. 81-82.

[39] Cfr. J. Froissart, *Crónicas, op. cit.,* Lib. II, caps. CVI, CVII y CXII, páginas 126-132 (sobre el famoso sermón en pro de un igualitarismo bíblico, *Chronicon angliae, auctore monache quodam Santi Albani,* Londres, Rolls Serie, 1874, I, pág. 321). Hay dudas sobre la filiación wyclifita de Juan Ball, que se piensa fue propalada por sectores conservadores para desacreditar al reformador oxoniense. Hay dudas también sobre el sentido milenarista de estas predicaciones populares, en las que se tiende a destacar más su carácter evangélico típico de la tradición herética europea. Véase R. Hilton, *Siervos liberados. Movimientos campesinos medievales y el levantamiento inglés de 1381,* Madrid, 1978, pág. 301.

Cierta similitud refleja en Francia, y para 1388, el caso de un tal Tomás, nativo de Pouille, que lanzaba mensajes vagamente joaquinitas y a quien se condenó como loco a prisión perpetua. Se trataba con ello de evitar que «sus falsas doctrinas sedujeran al pueblo, que, pleno de admiración por la gravedad de sus doctrinas, tenía una alta opinión de él porque sabía mezclar con arte sus vanos asertos con citas de las Escrituras»[40].

Ciertos testimonios literarios en el sentido más convencional de la expresión nos permiten constatar que los laicos entraron también en el juego de la cultura antiherética. Cabe remitirse a dos autores castellanos del otoño del Medievo vinculados al mundo de los caballeros y que se refieren genéricamente a todo tipo de discrepancias con la ortodoxia. Uno es el canciller mayor de Castilla Pero López de Ayala que, hacia 1400, presenta a los herejes presumiendo de conocer los más ocultos arcanos de la fe que tratan de transmitir a la gente simple[41]. Otro es Gutierre Díaz de Games que, en un texto que poco tiene que ver con disquisiciones teológicas, previene contra las especulaciones que se pueden hacer en cuestiones de dogma: «Non creades nin tomedes argumentos sotiles en la fee. Lo que vuestro seso non comprehendiere nin alcanzare, creedlo por fee, porque si la fee oviese prueua non abría mérito»[42].

La aceptación acrítica por la masa de fieles de los misterios y verdades de fe será tema sobre el que insistirán los más diversos autores. Valga un ejemplo de finales del Medievo. Tomás de Kempis —o quien fuera el redactor de una conocida obra de meditación— invitaría a los fieles a no indagar en el sacramento de la eucaristía, que siglos atrás había dado pie a diversas querellas entre teólogos hasta llegar a fijarse el dogma de la transustanciación. Dirá de forma categórica: «Guárdate de escudriñar inútil y curiosamente este pro-

---

[40] *Chroniques du religieux de Saint-Denys,* vol. I, t. 1, París, 1842, págs. 575-577 (reimpresión a cargo de B. Guenée).

[41] Pero López de Ayala, *Las flores de los morales de Job,* ed. de F. Branciforti, Florencia, 1963, págs. 61 y 138.

[42] Gutierre Díaz de Games, *El Victorial. Crónica de Don Pero Niño,* ed. de J. M. Carriazo, Madrid, 1940, pág. 67.

fundísimo Sacramento, si no quieres verte anegado en un mar de dudas»[43].

Resulta así obligado entrar en otro orden de consideraciones.

El hereje, incapacitado para especular frente a la verdad oficial

Aun suponiendo poseedor de capital intelectual al herético (¿quién se la iba a negar a Pelagio, Escoto Erígena, Wyclif o Hus, por citar algunos ejemplos?), hay, sin embargo, algo que no se le tolera en los círculos convertidos en oficiales: la facultad de lucubrar —y menos aún de discrepar— frente al conjunto de verdades de fe consideradas inmutables. Se arremetía así contra la soberbia del disidente que se había atrevido a utilizar su ingenio de forma inaceptable[44]. Es significativo que este criterio lo mantuviera también Prisciliano, condenado él como herético y que pasa por ser la primera víctima del brazo secular al servicio de ciertos intereses eclesiásticos[45]. Dice que «han interpolado los infelices herejes» los textos sagrados, y afirma que la herejía surge

> cuando cada cual sigue a su ingenio más que a Dios y deciden no seguir el símbolo, sino discutir acerca de él, siendo así que si conociesen la fe no retendrían nada fuera del símbolo. Pues el sím-

[43] T. de Kempis, *La imitación de Cristo,* ed. de E. Nieremberg, Barcelona, 1947, pág. 607.

[44] Refiriéndose al pelagianismo, san Agustín pensó que era un conjunto de *disputationes* o argumentaciones planteadas «por espíritus grandes y astutos y sería el reconocimiento de un fracaso por mi parte evitarlos no mencionándolos y una señal de orgullo intelectual pasarlas por alto por no ser dignas de mención», *Epístola 186*, 5, 13; recogido en P. Brown, *Biografía de Agustín de Hipona,* Madrid, 1970, pág. 459.

[45] Sobre la apasionante figura de este personaje hay una abundante bibliografía. Especialmente recomendable, ya todo un clásico, es el texto de H. Chadwick, *Prisciliano de Ávila,* Madrid, 1978. Más cercano es el de O. Núñez García, *Prisciliano, priscilianismos y competencia religiosa en la antigüedad. Del ideal evangélico a la herejía galaica*, Anejos de Veleia, Series Minor-29, 2012.

bolo es signatura de cosa verdadera y describirlo es discutir sobre el símbolo más que creer en él[46].

En el XIV Concilio de Toledo (684) se dirá que los herejes: «Ávidos de vanagloria discuten las cosas más elevadas cuando las cosas divinas no deben ser discutidas sino creídas porque Dios no mandó que se le discutiese, sino que se le creyese»[47].

En cualquier caso, si al herético se le reconoce alguna clase de sabiduría, se trata de una «malvada sabiduría animal, vulgar, diabólica y distinta de la sabiduría que viene de arriba y anima a hacer el bien». Así se expresa Pierre des Vaux de Cernay, cisterciense y cronista de la cruzada en el Midi —todo un anticipo del corresponsal de guerra—, amén de áspero crítico de los cátaros, de los que recuerda que negaban el valor de los sacramentos tal y como enseñaba Roma[48]. Inspirándose en la Epístola de Santiago, pone énfasis en lo que era un peligroso agravante: el poder de seducción de los disidentes.

Años después, y dentro del siglo XIII, Alfonso X habla de distintas interpretaciones que los heréticos dan a las palabras de Jesucristo que discrepan de las «que los Santos Padres les dieron e que la Eglesia de Roma cree e manda guardar»[49].

La falta de modestia a la hora de interpretar las verdades de fe constituye el fundamento de la condena contra veintiocho proposiciones del maestro Eckhart lanzada en 1329. Ya que «quiso entender más de lo que fuera necesario y con inmodestia y sin someterse al módulo de la Fe, apartó su oído de la verdad, entregándose a la ficción»[50].

---

[46] Prisciliano, «Libro sobre la fe y los apócrifos», en *Tratados y cánones,* ed. de B. Segura Ramos, Madrid, 1975, págs. 65-67.

[47] J. Vives (ed.), *Concilios visigóticos e hispano-romanos, op. cit.,* pág. 466.

[48] Pierre des Vaux de Cernay, *Histoire albigeoise,* ed. de P. Guebin y H. Maisonneuve, París, 1951, pág. 4.

[49] *Las Siete Partidas del Rey don Alfonso el Sabio, op. cit.,* Partida VIII, título XXVI, Introducción.

[50] «Bula de Juan XXII *In Agro Dominico* de 27 de marzo de 1329», apéndice a *Libro del consuelo divino, op. cit.,* pág. 81.

A finales del Medievo, el reputado humanista Enneas Silvio Piccolomini, papa Pío II en 1458, hizo algunas punzantes observaciones sobre los husitas bohemios. Aunque les reconocía un incuestionable bagaje cultural, este quedaba lastrado por la opinión que le merecía su heresiarca: hombre «de bajo linaje [...] de ingenio agudo y de lengua despierta, et como se folgara mucho con la Iglesia y también de ver nuevas opiniones...»[51].

* * *

El contraste entre ambas sabidurías se expresa en una de las biografías de santo Domingo de Guzmán. Nos referimos a la polémica entre católicos y heréticos que tuvo lugar en Fanjeaux y en la que se confrontaron los escritos de los cátaros con los opúsculos del fundador de los predicadores. Dado que las razones de ambas partes estaban muy equilibradas, los jueces deciden que sea el fuego el que arbitre. Los escritos heréticos ardieron, «mas el del bienaventurado Domingo no solo no sufrió la menor lesión, sino que salió lejos de la hoguera» las tres veces que fue arrojado a ella. Así, mediante la ordalía —procedimiento ante el que, sin embargo, la Iglesia romana expresaba serias reservas—, Dios concede sobrenaturalmente la victoria a la verdadera sabiduría sobre la falsa. El biohagiógrafo del fundador de los predicadores se expresaba contundentemente: se mostraba por esta vía y de forma evidente «la verdad de la fe católica y la santidad de su escritor Domingo»[52].

Con pareja ingenuidad, la piedad dominica recogió otras tradiciones referidas a los suyos. A título de ejemplo: la historia del hereje que «exponía sus errores con sutileza de espíritu pero se vio para-

---

[51] Pío II, *Historia de Bohemia en romance,* vol. XVII, Sevilla, 1509. J. Macek, reputado especialista en el tema, ha recordado que este autor ve a los checos en bloque como heréticos: «Esta raza perjura se distingue por esta única cualidad buena: aman la instrucción por encima de todo», en *¿Herejía o revolución? El movimiento husita, op. cit.,* pág. 99.

[52] Pedro Ferrando, «Leyenda de Santo Domingo», en M. Gelabert y J. M. Milagro, *Santo Domingo de Guzmán, op. cit.,* pág. 301. Esta tradición se transmitirá a otros autores como J. de Vorágine, *La légende dorée,* vol. II, ed. de J. B. M. Roze y H. Savon, París, 1967, pág. 46.

lizado por un absoluto mutismo cuando san Pedro Mártir se puso a debatir con él. Ante tan sobrenatural prodigio, el disidente abandona su error y se integra en la fe católica»[53].

La piedad franciscana no se quedó atrás a la hora de echar mano de los prodigios como herramienta antiherética. Se hará, por ejemplo, en el episodio de san Antonio de Padua y su predicación entre los herejes de Rímini, que «no aceptaron sus santos razonamientos, sino que, endurecidos y obstinados, no quisieron ni escucharle». Se dirige entonces a los peces, que, en multitud, quedan embelesados ante sus palabras. Con tan maravilloso milagro, los disidentes acaban claudicando y volviendo a «la verdadera fe de Jesucristo, y todos los fieles quedaron confortados y fortalecidos en la fe»[54].

Otra cuestión es que la realidad de los hechos discurriese por derroteros menos edulcorados y no por el fracaso de esas confrontaciones dialécticas o por el limitado éxito de la predicación. Una ojeada a las colecciones de *exempla* del siglo XIII (Jacobo de Vitry, Esteban de Bourbon o Cesáreo de Heisterbach) nos mostraría que los herejes del Midi eran algo más que unos *simplices*. Frente a sus argumentos, los católicos se muestran muchas veces con dificultades para dar réplica[55]. Y tienen que echar mano de argumentos que desbordan los límites de las explicaciones estrictamente racionales.

---

[53] Recogido en J. de Vorágine, *La légende dorée, op. cit.*, vol. I, págs. 326-327.

[54] «Florecillas de San Francisco y sus compañeros», en San Francisco, *Escritos, biografías, documentos de la época*, ed. de J. A. Guerra, Madrid, 1980, págs. 868-869. Sobre la figura de este personaje, considerado «martillo de herejes», véase G. G. Merlo, «La santità antiereticale di frate Antonio da Padova», en *Contro gli eretici. La coerzione all'ortodossia prima dell'Inquisizione,* Bolonia, 1996, págs. 75-97.

[55] Véanse las observaciones de A. Gurévich en su artículo «Heresy and literacy: evidence of the thirteenth exempla», en P. Biller y A. Hudson (eds.), *Heresy and Literacy, op. cit.*, págs. 109-109. Ch. Thouzellier destacó que en la cultura bíblica de los cátaros prevalecía el Nuevo sobre el Antiguo Testamento: hasta tres quintas partes. El Evangelio de san Juan figuraría en lugar preferente por presentar de forma abierta el antagonismo entre luz y sombras; en «La Bible des cathares languedociens et son ussage dans la controverse au début du XIII siècle», en *Cathares en Languedoc, Cahiers de Fanjeaux,* 3, París, 1968, págs. 49-52. Sobre este mismo tema, la autora insistirá en «L'emploi de la Bible par les cathares (XIII siècle)», en *The Bible and Medieval Culture,* Lovaina, 1979.

Posibles razones para una imagen intelectual del hereje

Algunas de las imágenes forjadas a propósito de la formación cultural de los herejes pueden parecer contradictorias. ¿Qué explicaciones —o meras hipótesis— cabe esgrimir?

1) *La cultura: ¿un patrimonio del «litteratus»?*

Estaría en la base de la dualidad herejía culta versus herejía popular por entrar en un juego muy difundido desde hace años[56]. La primera habría sido la que prende en los círculos académicos; la segunda, la que toma cuerpo entre los desheredados. La primera estaría marcada por los grandes debates teológicos; la segunda estaría trufada de tradiciones, no siempre cristianas, a las que la Iglesia definía como supersticiones y en las que la transmisión oral desempeñaba un relevante papel[57].

Esa oposición, sin embargo, puede resultar en ocasiones más aparente que real.

Cuando hablamos de cultura en el sentido académico de la expresión y en los primeros siglos del Medievo, estamos hablando de un casi monopolio de las instituciones eclesiásticas. El clérigo acaba siendo el *litteratus,* que no es tanto el hombre de cultura como más bien el versado en cultura latina[58]. Una forma de expresión de la que

---

[56] Remitirse para ello a las ponencias del coloquio de Royaumont *sobre Hérésies et sociétés dans l'Europe pré-industrielle,* París, 1968, págs. 209-228. Sobre las relaciones entre cultura de élite y cultura popular y sus derivaciones en el terreno de la herejía, recoge algunas interesantes observaciones M. Mullet, *La cultura popular en la Baja Edad Media,* Barcelona, 1990.

[57] Para este último caso, todo un modelo lo recoge J.-C. Schmitt, *La herejía del santo lebrel. Guinefort, curandero de niños desde el siglo XIII,* Madrid, 1984. Se trata de un excelente trabajo de antropología religiosa en el que uno de los hilos conductores es el testimonio del inquisidor Esteban de Bourbon a mediados del siglo XIII.

[58] Para estas cuestiones, véase H. Grundmann, «Litteratus-illiteratus der Wandlung einer Bildungsnom von Altertum zum Mittelalter», art. cit., págs. 1-65.

los laicos tienden a alejarse progresivamente. Se llegará a decir, incluso, que los laicos y los *litterati* están tan distantes como los hombres y las bestias[59]. En 999, el abad Abón de Fleury, al dividir la sociedad en laicos, clérigos y monjes, considera a los primeros buenos, a los segundos mejores y a los terceros excelentes. El perfeccionamiento se consideraba tanto mayor cuanto más alejado se estuviera de la vida material y de las relaciones carnales. Los propios laicos parecían convencidos de su inferioridad en el plano espiritual[60].

2) *La herejía: ¿hacia una ruptura del monopolio cultural y pastoral?*

A partir del siglo XI, la situación fue cambiando; y en la centuria siguiente un Guiberto de Nogent —que escribió hacia 1115— diría que en su infancia era manifiesta la penuria de maestros. pero que, con el discurrir del tiempo, estos se encontraban ya en los burgos y ciudades[61].

Coincidiendo con las transformaciones sociales, los movimientos reformadores tuvieron una fuerte incidencia entre un laicado que aspiró a convertirse en elemento activo en la regeneración de la Iglesia. En algunos casos se limitaron solo a ser los auxiliares de personalidades eclesiásticas que se topaban con dificultades en el ejercicio de su misión[62]. La fraternidad valdense de los pobres de Lyon se

---

[59] M. Banniard, *Le Haut Moyen Âge,* París, 1980, pág. 104.

[60] Recogido por A. Vauchez, *Les laïcs au Moyen Age. Pratiques et expériences religieuses,* París, 1987, pág. 51.

[61] Recogido por Ph. Wolff, *L'éveil intellectuel de l'Europe, op. cit.*, pág. 194, muy en relación con ese «renacimento del siglo XII» del que han hablado distintos especialistas en historia de la cultura medieval.

[62] Hay un cierto consenso entre los especialistas a propósito del escaso peso de los movimientos heréticos entre las masas con anterioridad al año 1000. Después de esa fecha las corrientes heréticas cobrarán gran peso como contrapartida a una reforma gregoriana a la que consideraron insuficiente. Cfr., entre otros, R. I. Moore, *The origins of European dissent,* Londres, 1977. Parece fuera de duda que Pedro Valdés se mantuvo durante algún tiempo dentro de las directrices de la ortodoxia. En concreto, cuando ofreció su ayuda al arzobispo Guichard de Lyon, que tenía

caracterizó precisamente en sus inicios por su lucha contra los predicadores cátaros y su afán por permanecer en el seno de la Iglesia católica[63]. Pero en un segundo momento —a partir de 1182— los valdenses serían expulsados de Lyon por el prelado Jean de Belles-Mains al constatar que su jefe era *reversus ad vomitum* (la herejía, la desobediencia a la autoridad) y se había rodeado de discípulos sospechosos, entre los que se encontraban mujerzuelas «llenas de pecados, curiosas, petulantes, procaces, perversas e impúdicas»[64].

* * *

Sin embargo, no conviene dejarse llevar por visiones demasiado monolíticas que niegan cualquier capacidad intelectual al condenado como herético. En nuestra época, algunos autores han llevado a cabo una revisión ponderando lo que de positivo podía darse en las corrientes de disidencia religiosa.

Así, A. Murray sostiene que las herejías del pleno Medievo tienen un componente racional basado en tres principios: la antipatía por prácticas populares como el culto a las reliquias, que se considera superstición; la defensa del derecho de los devotos a interpretar las Escrituras, al margen de la autoridad eclesiástica, y la alta valoración del deber de predicar por encima incluso del deber de administrar sacramentos. Todo ello daría a las herejías populares un núcleo eminentemente intelectual[65]. De ahí, por ejemplo, que el maestro Vacario acuse de «filosofar» a Hugo Speroni, magistrado de la ciudad de Piacenza que pretendía ejercer de clérigo, no tanto para sustituir

---

dificultades para imponer a un clero conservador ciertas medidas de reforma. Otra cuestión es que esta actitud adquiriera derivaciones susceptibles de acusación de herejía. M. Rubellin, «Au temps au Valdès n'était pas hérétique: hypothèses sur le rôle de Valdès à Lyon (1170-1183)», art. cit., págs. 210-217.

[63] J. Duvernoy, «La prédication des vaudois en Languedoc aux XIII et XIV siècles d'après les registres de l'Inquisition», *Heresis,* 30, 1999, pág. 124.

[64] G. Gonnet, «La prédication vaudois à ses origines», *ibíd.,* pág. 103. El tema de la mujer valdense predicadora se desarrolla por P. Biller, «The preaching of the waldensian sisters», *ibíd.,* págs. 137-168.

[65] A. Murray, *Razón y sociedad en la Edad Media, op. cit.,* pág. 285.

a los sacerdotes como para, desde un punto de vista intelectual, desmitificar las posiciones adquiridas por la cultura religiosa dominante de mediados del siglo XII[66].

En ese núcleo intelectual cabría situar también la utilización de los textos escriturarios en lengua vernácula: el valdismo y la traducción de la Biblia al provenzal acaban siendo virtualmente sinónimos, tal y como atestiguan distintos sínodos: Toulouse 1239, Reims 1230, Tréveris 1231 o Tarragona 1233[67]. Se consolidaba así la imagen de dos mundos culturales contrapuestos: el de los *litterati,* clérigos que seguían con el uso de la lengua latina, y el de los *illitterati,* campo de la lengua vernácula. Una imagen que se cruzaba con otra proyectada hacia el futuro: la del hereje como *illiteratus*[68]. Aunque en este caso cabría, según estudios recientes, establecer algunas cautelas a la hora de sobrevalorar la extensión del uso de las lenguas vernáculas entre los heterodoxos.

En el caso de los cátaros, los estudiosos actuales se mueven con cierta cautela. Los cátaros hicieron un uso del latín prácticamente para todo, relegando la lengua familiar a la predicación. Sería tardíamente cuando se promocionara una liturgia en lengua vernácula, aunque se siguiera manteniendo al latín como lengua de culto por excelencia[69].

Sobre los husitas se ha pronunciado en términos parecidos otro de los grandes especialistas en el tema, quien reduce la presencia del checo a algo poco más que testimonial[70].

Para el wyclifismo se ha recordado el caso de un lollardo pequeño propietario, Walter Brut, que respondió ante el obispo Trefnant de Hereford (que le califica de *Laycus litteratus nostre diocesis)* componiendo su defensa en latín. Que los lollardos se inclinasen prefe-

---

[66] G. G. Merlo, *Eretici ed eresie medievali, op. cit.,* págs. 66-67.

[67] A. Patschovsky, «The literacy of waldensianism from Valdes to c. 1400», art. cit., pág. 116.

[68] P. Biller, «Heresy and literacy: earlier history of theme», en P. Biller y A. Hudson (eds.), *Heresy and Literacy, op. cit.,* págs. 4-5.

[69] R. Moore, «Literacy and making of Heresy, c. 1000-c.1150», en P. Biller y A. Hudson (eds.), *Heresy and Literacy, op. cit.,* pág. 58.

[70] F. Smahel, «Literacy and Heresy in Hussite Bohemia», *ibíd.,* pág. 247.

rentemente por la lengua vernácula no quiere decir que excluyeran por sistema el latín[71].

Caso muy especial lo constituyen, por ejemplo, los cuatro tratados que Juan de Olivi redactó en lengua vernácula para las beguinas[72].

* * *

¿Hasta qué punto estaba Roma dispuesta a admitir las pretensiones de círculos reformistas en los que los laicos aspiraban a una activa participación?

Hacia 1200, Inocencio III trató de aclarar en su *distinctio* las diferencias que existían entre los simples desobedientes, a los que la Iglesia podía readmitir, y los herejes irrevocables[73]. Entre estos se encontraban los simples y los *illiterati,* o quienes trabajaban para ellos por la vía de la predicación. Y por *illiterati* podía entenderse no tanto el analfabeto como aquel incapaz de «aprovechar las sutiles enseñanzas de la Escritura»[74].

La jerarquía eclesiástica fue marcando los ritmos de vida de los fieles a través de la administración de los sacramentos, cuyo monopolio se reservaba[75]. Algo similar ocurría con los comportamientos más personales, que debían estar inspirados en una predicación estrictamente reglada. De ahí los recelos que suscitaban las pretensiones de aquellos laicos que trataban de ejercer también ellos esas funciones. Recelos frente a los predicadores exaltados, pero también frente a aquellos que como Pedro Valdo manifestaban una conducta irreprochable. En esa línea cabe explicar las palabras del varias veces mencionado Walter Map cuando afirmaba que los seguidores del

---

[71] A. Hudson, «Laicus litteratus: the parasdox of Lollardy», *ibíd.,* págs. 225-232.

[72] R. E. Lerner, «Writing and resistence among Beguine of Languedoc and Catalonia», *ibíd.,* págs. 190-191.

[73] B. Bolton, *The Medieval Reformation, op. cit.,* págs. 88-89.

[74] Según expresión recogida al canónigo Hugo de Fouilloi en 1153. Cfr. P. Labal, *Los cátaros. Herejía y crisis social,* Barcelona, 1984, pág. 62.

[75] Tema que hemos tratado en E. Mitre, «Los "sacramentos sociales". La óptica del medievalismo», *'Ilu. Revista de Ciencias de las Religiones,* vol. 19, Madrid, 2014, págs. 147-171.

antiguo mercader de Lyon «comienzan muy humildemente porque todavía no han tomado pie. Si les dejamos hacer, seremos nosotros los que quedaremos al margen»[76]. Unos años después, Alain de Lille lanzará la consabida retahíla sobre la incapacidad intelectual de los valdenses para ejercer la predicación *(sine divina inspiratione, sine scientia, sine literatura praedicare praesumeret)* entre los simples *(simplices seducent)*; una circunstancia agravada, además, por la falta de permiso de la jerarquía: *sine praelati auctoritate*[77].

Lo que estaba en juego era la ruptura del monopolio que el estamento eclesiástico tenía sobre la vida cultural con su importante variante: la labor pastoral. El sermón individual y la predicación colectiva se convertían, como ha afirmado B. M. Kienzle, en importante piedra de toque, ya que el éxito o el fracaso de un sermón permitían medir la verdad o falsedad de la fe del predicador. Una circunstancia que era aplicable a los predicadores católicos, pero también a los heréticos, que veían en la palabra una excelente herramienta de proselitismo. Desde la óptica católica, la autoridad para predicar había de descansar sobre tres principios: la obediencia, la misión y la instrucción. Es decir, la desobediencia puede acarrear la excomunión. El predicador debía ser enviado por una autoridad superior. Hasta el propio Jesús, decían los polemistas católicos, lo fue por el Padre. Y la calidad y la ortodoxia de un predicador deben estar en relación directa con su nivel de preparación, una circunstancia que hace sentirse a autores católicos como Alain de Lille extremadamente elitistas y académicos[78].

---

[76] A. Map, *De nugis curialum, op. cit.,* pág. 262. El testimonio reflejaría la inquietud del eclesiástico inglés ante el posible éxito que pudieran alcanzar esos «nuevos apóstoles». M. Rubellin, «Au temps au Valdès n'était pas hérétique: hypothèses sur le rôle de Valdès à Lyon (1170-1183)», art. cit., pág. 119.

[77] Alain de Lille, «De fide catholica», en J.-P. Migne, *Patrología Latina,* vol. 210, col. 378.

[78] B. M. Kienzle, «La prédication, pierre de touche de la dissidence et de l'orthodoxie», *Heresis,* 30, 1999, págs. 25-27. Para el ejercicio de la predicación por parte de los cátaros, véanse las colaboraciones de J. Berlioz, B. Lavene, D. Müller, P. Jiménez e Y. Hagman en *Heresis,* 31, 1999. Ch. Thouzellier destacó en su día que la diferencia entre Pedro Valdo y Joaquín de Fiore estaba en el espíritu de independencia del predicador laico que prefiere obedecer a Dios antes que a los hombres.

La polémica quedaba servida por cuanto se trataba de reducir ese derecho a la predicación a un limitado número de personas, pasadas por estrechos filtros. No es necesario que volvamos a incidir en el drama de Pedro Valdo, que no fue el único. Bastantes años después, el polifacético Arnaldo de Vilanova († 1311), en escrito al obispo de Gerona, denunciaba que solo se permitiera hablar de la verdad divina a obispos, predicadores y menores. Circunstancia —sostenía— ofensiva para canónigos catedralicios, miembros de las restantes órdenes religiosas y los casados, a los que no se concedía crédito alguno en esta materia. Y arremete contra este monopolio cuando recuerda, por ejemplo, que Pedro, a quien el Señor confirió el primado de la Iglesia, era un hombre casado y «le nombró doctor universal de la verdad evangélica»[79].

Desde sectores críticos se reprobó reiteradamente la escasa autoridad de la Iglesia romana a causa de su compromiso con intereses mundanos. Marsilio de Padua, dejándose llevar por una marcada virulencia verbal, negó que Cristo hubiera venido al mundo a dominar o a juzgar a los hombres. Con ello reprobaba cualquier autoridad temporal de los papas o de cualquier otro ministro de la Iglesia[80]. Y no llegarán a ser escasas las protestas contra la ignorancia del clero, pues pasaron de ser limitadas en tiempos de la reforma gregoriana a experimentar un notable *crescendo,* a partir de 1300, con destacados representantes de la vida cultural como Pierre Dubois, el mismo Marsilio de Padua, Pierre d'Ailly o Juan Hus[81]. Y también desde sectores populares como se dice en el *Piers Plowman* inglés, coetáneo de Chaucer y Wyclif, donde se pone en guardia contra el tipo de confesor, que puede ser algún «estúpido párroco incapaz de enseñar a los fieles»[82].

Catharisme et valdéisme en Languedoc à la fin du XIIe siècle et au debut du XIIIe siècle, París, 1966, pág. 125.

[79] En «Tercera denuncia al obispo de Gerona», en Arnaldo de Vilanova, *Escritos condenados por la Inquisición, op. cit.,* págs. 109-110. En la misma línea que otros autores condenados como heterodoxos, Arnaldo usa también la acusación de herejía («heréticos, locos o infames notorios») contra sus oponentes.

[80] Marsilio de Padua, *El defensor de la paz,* ed. de L. Martínez Gómez, Madrid, 1998, págs. 139 y ss.

[81] A. Murray, *Razón y sociedad en la Edad Media, op. cit.,* págs. 318-325.

[82] W. Langland, *Pedro el labriego,* ed. de P. Guardia, Madrid, 1997, pág. 196.

A la secta de los apostólicos se le atribuía la afirmación de que «toda la autoridad conferida por nuestro Señor Jesucristo a la Iglesia de Roma es vana y además ha desaparecido en razón de la maldad de los prelados. La Iglesia romana que forman el papa, los cardenales, los clérigos y los religiosos no es la iglesia de Dios, sino una iglesia reprobada, sin fruto»[83].

A finales del siglo XIV, y aunque en otro plano, Wyclif argumentaría que los clérigos simples e iletrados podrían hacer por la Iglesia mucho más que los doctos. Bastaría con que se limitaran a «leer la palabra de Dios, predicarla de forma clara y orar devotamente»[84]. La versión de los textos bíblicos al inglés valdría al reformador severas críticas por cuanto se trataba de un ataque frontal al dominio eclesiástico en la teología y en la especulación en general. El cronista Henry Knighton, al referirse a la traducción de los Evangelios, dice que lo que había sido hasta entonces un tesoro familiar para clérigos y gentes de buen discernimiento se estaba dilapidando miserablemente. Abruptamente comparaba esta operación con las perlas que se arrojan a los cerdos[85].

Ante este conjunto de acusaciones mutuas —muy similares formalmente en más de una ocasión—, ¿cómo entender las paradojas en las que se acaba incurriendo en los dos bandos? Intentemos alguna interpretación coherente.

---

[83] Recogido por Bernard Gui, «De secta illorum qui se dicunt de ordine apostolorum», en C. Carozzi y H. Taviani-Carozzi, *La fin des temps..., op. cit.*, pág. 163.

[84] J. Wyclif, «Lettera ad simplici sacerdote», recogido en M. Fumagalli Beonio Brochieri, *Wyclif, il comunismo dei predestinati,* Florencia, 1975, págs. 70-71. Algo que avalaría en el autor inglés una «piedad antiintelectualista y cristocéntrica», en opinión de M. D. Lambert, *La herejía medieval..., op. cit.*, pág. 246.

[85] A. Hudson, «Wyclif and the English language», en A. Kenny (ed.), *Wyclif in his times,* Oxford, 1986, pág. 87. Sobre las diferencias entre las lenguas litúrgicas y las comunes, E. Gellner ha escrito: «La tendencia de las lenguas litúrgicas a llegar a ser distintas de las vernáculas es muy fuerte: es como si la capacidad de leer y escribir no creara una barrera suficiente entre cultos y legos, como si hubiera de profundizarse el abismo que existe entre ellos, no solo conservando la lengua en una escritura inaccesible sino también haciéndola incomprensible al oído», en *Naciones y nacionalismo,* Madrid, 1993, pág. 25.

Capítulo 18

¿Una extendida llamada a la humildad intelectual?

Para los más diversos autores, los siete pecados (o ¿vicios?) capitales eran fuente y origen de todos los demás[1]. Ello se constatará en multitud de textos, algunos de los cuales no iban orientados de forma específica a la formación de los fieles[2]. En ese septenario, la soberbia se manifestaba como un frondoso árbol cuyas ramas se iban diversificando y dando pie a la desobediencia, la vanidad, la hipocresía, el desprecio, la irreverencia, etc. La mística italiana Angela de Foligno († 1309) se reconocía gran pecadora por ser «hija de la soberbia y del diablo» y, en consecuencia, haber deseado durante toda su vida ser adorada y honrada por su fama de santidad[3]. Y, por los mismos años, y refiriéndose a la vida intelectual *in extenso,* el prolífico Ramón Llull llegaba a la conclusión

[1] Véase la excelente panorámica de dos autoras italianas: C. Casagrande y A. Vecchio, *I sette vizi capitali. Storia dei peccati nel Medioevo,* Turín, 2000.

[2] Recordemos, por ejemplo, el capítulo que cierra la conocida obra de G. Chaucer *Cuentos de Canterbury,* ed. de P. Guardia, Madrid, 1987, pág. 568.

[3] Angela de Foligno, *Libro de la vida,* ed. de T. H. Martín, Salamanca, 1991, pág. 121.

de que «quien se vanagloria de su ciencia posee ciencia sin virtud»[4].

Las llamadas a la modestia intelectual procedieron tanto del campo de la disidencia como del de la más estricta ortodoxia. Las de este último campo son, como es fácil de entender, las que mejor se han conservado. A ellas vamos a remitirnos especialmente.

Del sabio que debe hacerse necio al principio de la docta ignorancia

Partiendo de la propia génesis del cristianismo, distintos autores llegaron a reflexiones de esta naturaleza. San Pablo hizo algunas advertencias al respecto: «Nadie se engañe a sí mismo; si alguno de vosotros se tiene por sabio según el mundo, hágase necio a fin de ser sabio. Porque la sabiduría de este mundo es necedad delante de Dios»[5].

Remitiéndose al mismo «apóstol de los gentiles», Casiodoro haría algunas consideraciones sobre los monjes menos capacitados intelectualmente del monasterio de Vivarium. Recordaba que Dios «da la perfecta sabiduría a cada uno según quiere. Porque si la ciencia de las cosas buenas estuviese solamente en las letras, quienes las desconocieran tampoco tendrían la recta sabiduría»[6].

El papa Gregorio Magno, que recomendaba aprender el magisterio de las almas antes de ejercerlo, advertía de un riesgo: que el pastor, por su mera dignidad, creyera saber más que los fieles a su cuidado[7]. Y este primer gran papa medieval, en conocida carta a un obispo de la Galia en la que le reprocha su dedicación a la gramática, recordaba que «las alabanzas a Júpiter casaban mal con las alabanzas a Cristo»[8].

---

[4] Ramón Llull, *Proverbis de Ramón, op. cit.*, pág. 459.

[5] 1 Cor. 3, 18-19.

[6] Casiodoro, *Iniciación a las Sagradas Escrituras, op. cit.*, págs. 186-187.

[7] San Gregorio Magno, *Regla pastoral*, ed. de J. Haro, México, s.d., pág. 43.

[8] *Gregorii I Papae Registrum Epistolarum*, ed. de L. M. Hartmann, en *Momumenta Germaniae Historica*, t. II, 43, Berlín, 1899, pág. 303.

Diversas serán las actitudes adoptadas por otros autores.

Así, el citado con anterioridad Gerberto de Aurillac (papa Silvestre II), hombre de vastas inquietudes y tan admirado como aborrecido, afirmaba que «la divinidad ha colmado a los hombres entregándoles la fe y no negándoles la ciencia»[9].

Pero, acompañando a los movimientos de renovación religiosa del siglo XI, se detectan corrientes de antiintelectualismo entre los más preclaros reformadores. Así, Pedro Damiano pensaba en la gramática como un invento diabólico del que habían hecho cumplido uso los politeístas, que hablaron de «dioses», en plural. Solo la simplicidad y la fe podían salvarnos de las artimañas de la razón[10]. Una generación después, san Anselmo reconvenía a los dialécticos presuntuosos que ejercían la soberbia contra el *intellectus fidei.* Llegar a la comprensión de la fe exigía ser necesariamente un hombre humilde[11].

* * *

Bernardo de Claraval es la gran figura que cubre la primera mitad del siglo XII. Será el defensor de la necesidad de una total humillación corporal y espiritual para llegar a Dios. Famosas serán sus sátiras contra los monjes orgullosos que recoge en la segunda parte de su tratado *Sobre los grados de humildad.* En uno de sus pasajes arremete contra quien, por presunción, «pone de nuevo en orden lo que estaba perfectamente ordenado y rehace lo ya hecho»[12]. Presunción y arrogancia de la naturaleza humana se suponían taras comunes a todas las herejías, y san Bernardo usó esta convicción para lanzar duros ataques contra los dialécticos. Junto a la dialéctica, pro-

---

[9] «Carta 196», citada en P. Riché, *Gerberto. El Papa del año mil, op. cit.,* pág. 196.

[10] Pedro Damián, «De sancta simplicitate scientiae anteponenda», en J.-P. Migne, *Patrología Latina,* t. 145. Cfr. comentarios de Ph. Wolff, *L'éveil intellectuel de l'Europe, op, cit.,* pág. 193.

[11] Cfr. E. Gossmann, *Fe y conocimiento de Dios en la Edad Media,* Madrid, 1975, pág. 12.

[12] Recogido por J. Leclercq, *Espiritualidad occidental. Testigos,* Salamanca, 1967, pág. 310.

ducto esencialmente urbano que se ligará a la escolástica, se desarrollan en la plenitud medieval otras corrientes culturales: la de los monasterios (Pedro el Venerable o san Bernardo), ligada a la espiritualidad, y la «humanista». En un sentido restringido tomaría elementos de las dos anteriores y tendría uno de sus mejores representantes en Juan de Salisbury[13].

La principal víctima de los ataques de san Bernardo sería, como ya hemos anticipado, Pedro Abelardo, quien, según el gran impulsor del Císter, manejaba las Sagradas Escrituras sin el debido respeto y estaba

> empeñado en dar un nuevo impulso a los errores hace tiempo condenados y olvidados, tanto propios como ajenos, y se atreve a inventar otros nuevos. Se gloría de no ignorar nada de cuanto hay *arriba en el cielo y abajo en la tierra,* excepto su propia ignorancia[14].

En el fondo, san Bernardo lamenta que los dialécticos fueran complacientes con los problemas complicados y ridiculizaran la fe de las almas simples[15].

Estas llamadas a la humildad intelectual pueden resultar irónicas viniendo de san Bernardo, erigido en mentor ideológico y político de la cristiandad —papas incluidos—, y teniendo como destinatario a Pedro Abelardo, quien haría serenas reflexiones sobre sus desdichas:

> Estimulados por estas enseñanzas y ejemplos, esforcémonos, pues, en soportar los golpes de la suerte con tanta mayor serenidad cuanto más injustos sean. No dudemos que, si bien no acrecientan nuestros méritos, por lo menos contribuyen a su expiación. La providencia divina preside toda nuestra vida[16].

---

[13] J. Leclercq, *Espiritualidad occidental. Fuentes,* Salamanca, 1967, pág. 307.

[14] «Carta de San Bernardo a Inocencio II», recogida en Pedro Abelardo, *Ética o conócete a ti mismo, op. cit.,* pág. 123. La pugna entre estos dos personajes está analizada en J. Verger y J. Jolivet, *Bernard-Abélard ou le cloître et l'école,* París, 1982.

[15] E. Gilson, *La théologie mistique de Saint Bernard,* París, 1945, citado en E. Cassirer, *El mito del estado,* México, 1968, pág. 113.

[16] Pedro Abelardo, *Cartas de Abelardo y Heloísa, op. cit.*, pág. 83.

Un Pedro Abelardo que, tras la condena del Concilio de Sens, se mostró sinceramente arrepentido de sus posibles errores. Abandonando cualquier postura de contumacia, que era el signo distintivo por excelencia de los herejes, proclamó solemnemente: «Nunca defensa cerril me hizo hereje, dispuesto como estaba a borrar o corregir mis afirmaciones mal expresadas. Y en este propósito me mantendrá siempre hasta el fin»[17].

* * *

En el periodo siguiente, los enfrentamientos intelectuales se acrecentarían. El abundante uso que tomistas y averroístas hicieron de la filosofía aristotélica despertó los recelos de las mentes más conservadoras, que exigieron el examen de escritos susceptibles de considerarse heréticos. Así, san Buenaventura (c. 1217-1274) arremetió contra aquellos filósofos que enseñaban doctrinas que no concordaban con la fe. Tomás de Aquino, uno de los paladines del equilibrio entre fe y razón, terció en la polémica con algunos escritos contra los averroístas. Y Gil de Roma, en su *Sobre los errores de los filósofos* (1270), daba la lista de autores musulmanes y judíos (Averroes, Avicena, Al Kindi, Algazel) a los que había que manejar con la debida precaución, advirtiendo así frente a quienes ponían demasiada confianza en los filósofos del pasado[18].

En 1277, a instancias del papa Juan XXI, el obispo de París reunió una comisión de teólogos que redactaron una lista de doscientas diecinueve proposiciones que se consideraban heterodoxas. En la introducción a este *Syllabus* (por los mismos días, el arzobispo de Canterbury Robert Kilwardly reunía otra lista de treinta proposiciones anatematizadas) se invocaba el consejo del papa Gregorio

[17] «Apología o confesión de fe de Pedro Abelardo», en Pedro Abelardo, *Ética o conócete a ti mismo, op. cit.*, pág. 117. Y a renglón seguido dice estar dispuesto, en caso contrario, a ser reconocido no solo como hereje sino como heresiarca, *ibíd.*, pág. 118.

[18] Gil de Roma, *Errores Philosophorum*, ed. de J. Koch con traducción de J. O. Riedl, Milwaukee, 1944, citado en A. Maurer, *Filosofía medieval, op. cit.*, pág. 206.

Magno: «Quien se esfuerce por hablar sabiamente, tenga gran cuidado, no vaya a destruir con sus palabras la unidad entre los que le escuchan». Y se ponía también en guardia contra quienes, como los averroístas, distinguían entre verdad de la filosofía y verdad de la fe «como si contra la verdad de la Santa Escritura hubiera verdad en las sentencias de los paganos condenados»[19]. Era la prueba evidente de que el aristotelismo, en sus diferentes variantes, había impregnado las formas de especulación de los autores cristianos y, consiguientemente, se ponían en evidencia las dificultades de hacer compatibles la fe y la razón. Así, en 1285, el franciscano Juan Peckam arremetía contra quienes, «despreciando las sentencias de los santos, se fundan exclusivamente en las posiciones de los filósofos, de tal manera que la casa del Señor se ha llenado de ídolos»[20]. Los anatemas, reiteradamente lanzados, difícilmente zanjaban polémicas de esta naturaleza[21].

* * *

Hablar de «vía moderna» para referirse a la que se abre en el siglo XIV en los terrenos filosófico y teológico supone utilizar una expresión ya suficientemente consagrada. Tal expresión adquiere todo su sentido con la gestación de un nuevo significado de la vida basado en la autonomía del hombre. Guillermo de Ockham (c. 1285-1347) sería uno de los adelantados de ese proceso[22]. Pero hablar de «vía moderna» tomada como oposición a la «vía antigua» de tomistas y escotistas supone también tener en consideración el retorno a experiencias religiosas directas. La llamada *«devotio* moderna» (¡otra vez el mismo adjetivo!) será una de sus mejores expresiones.

---

[19] Cfr. ed. de F. León Florido, *1277. La condena de la filosofía, op. cit.*, pág. 85.

[20] Cfr. P. Vignaux, *El pensamiento en la Edad Media, op. cit.*, pág. 125.

[21] Cfr. para ello F. León Florido, *1277. La condena de la filosofía, op. cit.*, pág. 85.

[22] A. Uña Juárez, «La modernidad del siglo XIV», *Ciudad de Dios: Revista agustiniana,* vol. 206, núm. 3, 1993, pág. 744.

En el tramo final del Medievo, el cardenal Nicolás de Cusa, que se movió en su juventud en estos círculos, presenció el espectáculo de numerosos conventículos enfrentados que se proclamaban a sí mismos herederos de Aristóteles. Cusa defendía que Dios había implantado en el hombre el deseo de saber, pero las limitaciones que padecía solo le permitían una aproximación a la verdad, nunca una comprensión de esta en su totalidad. De ahí que la primera lección que hay que aprender sea la de la propia ignorancia. Por ello, en una de sus más celebradas obras dedicadas a Dios, al universo y a Jesucristo, sostendría que: «A ningún hombre, por más estudioso que sea, le sobrevendrá nada más perfecto en la doctrina que saberse doctísimo en la ignorancia misma, la cual es propia de él. Y tanto más docto será cualquiera cuanto más se sepa ignorante»[23].

Una «docta ignorancia» que condujo al cusano a sostener que el fin de los filósofos «que no honraran a Dios no fue otro que perecer en sus vanidades». A diferencia de los humildes, que estuvieron acertados al confesarse a sí mismos ignorantes y «organizaron su vida como los que desean la sabiduría eterna»[24].

Desde la perspectiva de la más clásica ascesis, Tomás de Kempis —o bien otro autor cuyo nombre no conocemos— no era menos radical. Arremetiendo contra la ciencia vana del mundo, aconsejará: «Nunca leas cosas para mostrarte más letrado o sabio. Estudia en mortificar los vicios porque más se aprovechará esto que saber muchas cosas dificultosas»[25] (una contundencia que —habría que recordar— utilizó años atrás uno de los grandes místicos alemanes al afirmar que «la verdadera sabiduría consiste en saber prever el fin de la vida y adelantarse por el pensamiento a la muerte misma»)[26].

---

[23] Nicolás de Cusa, *La docta ignorancia,* ed. de N. Fuentes, Barcelona, 1984, pág. 24.

[24] Nicolás de Cusa, «De la búsqueda de Dios», en *De Dios escondido. De la búsqueda de Dios,* ed. de F. de Samaranch, Buenos Aires, 1977, pág. 65.

[25] T. de Kempis, *La imitación de Cristo, op. cit.,* pág. 395.

[26] Enrique Susón, *Obras selectas,* ed. de Messeguer, Sevilla, 1991, pág. 72.

¿Sobre qué bases debía descansar y ser administrada esa recomendada humildad intelectual? Algunos grandes autores de los primeros siglos de la Iglesia facilitaron criterios que serán de uso corriente con el discurrir del tiempo. Valgan para ello un par de ejemplos.

San Ambrosio recordaba cómo el símbolo tradicional de fe había experimentado algunos añadidos desde la época apostólica. Los heréticos habían procedido con fraude, añadiendo cosas inconvenientes. Los católicos habían procedido con diligencia, pero arriesgándose a rebasar «los límites puestos por los mayores, movidos por una especie de celo religioso y por cierta imprudencia». El gran padre de la Iglesia de Occidente no ocultaba, así, los peligros de introducir innovaciones en las fórmulas de toda la vida[27].

Por su parte, Isidoro de Sevilla, quien en sus *Etimologías* recogerá una relación de herejías que será de gran utilidad para autores posteriores, arremeterá contra cualquiera que interpretara «las Sagradas Escrituras en un sentido distinto al inspirado por el Espíritu Santo —por quien, en definitiva, han sido escritas—, aunque materialmente no se aparte de la Iglesia, puede, sin embargo, ser calificado de hereje»[28].

* * *

En nuestros días, destacados autores han insistido en que el ejercicio intelectual admitido por los poderes establecidos en la Edad Media se basaba en la ordenada transmisión del acervo cultural acumulado por los siglos, no en atrevidas especulaciones que podían convertirse en caldo de cultivo de brotes heterodoxos.

---

[27] San Ambrosio, *La iniciación cristiana,* ed. de C. Basevi, Madrid, 1977, pág. 26.

[28] San Isidoro de Sevilla, *Etimologías, op. cit.,* Lib. VIII, cap. 5, vol. I, pág. 703.

Paul Vignaux, ya todo un clásico, aplicó esta idea al renacimiento carolingio[29]. Alcuino de York —defensor, no lo olvidemos, de la posición reconocida como ortodoxa frente al desviacionismo adopcionista— habría representado la primera opción. Su objetivo sería la creación en Francia de una especie de nueva Atenas, superior a la antigua por la adición de la doctrina de Cristo y cuya misión principal sería la escrupulosa corrección de textos[30]. Por el contrario, años después, y bajo el gobierno de los sucesores del restaurador del Imperio en Occidente, Juan Escoto Erígena († c. 877) encarnaría la figura de un rompedor. Sus tendencias especulativas manifiestas en su *De divisione naturae* revelarían un uso acrítico del neoplatonismo que los círculos más conservadores pensaron no servía a los propósitos de la sabiduría cristiana. Ello no fue inconveniente para que la obra constituyera uno de los jalones del pensamiento medieval[31].

Moviéndose ya en la plenitud del Medievo, los ejemplos serán variados. Así, Guillermo de Saint Thierry (muerto a mediados del siglo XII) defendió frente a Pedro Abelardo la entrega voluntaria a la autoridad: su lema sería el de *auctoritas* y no *ratio*[32]. Ello sin olvidar a otro personaje como Gilberto de la Porrée, para quien el punto de partida para el conocimiento de Dios no era la *ratio* sino la *fides*[33].

La prestigiosa heresióloga Christine Thouzellier ha recurrido a un ejemplo: el de Durán de Huesca, quien, situándose en las franjas de la heterodoxia, acabó reconciliado con la Iglesia. En su obra *Contra Manicheos* se remitía como garantía a las *auctoritates*. Por tales

---

29 P. Vignaux, *El pensamiento en la Edad Media, op. cit.*, págs. 13 y ss.

30 P. E. Schramm, «Carlomagno: su pensamiento y sus principios ideológicos. La "Correctio" (Renacimento) que él inspiró», art. cit.

31 Cfr. A. A. Maurer, *Filosofía medieval, op. cit.*, pág. 46. Sobre este gran autor, un clásico lo constituye M. Cappuyns, *Jean Scot Érigène, sa vie, son oeuvre, sa pensé, op. cit.* Véase también la obra colectiva VV.AA., *Jean Scot Érigène et l'Histoire de la Philosophie*, París, 1977.

32 E. Gossmann, *Fe y conocimiento de Dios en la Edad Media, op. cit.*, pág. 25.

33 *Ibíd.*, pág. 43. Bastante después, un Ramón Llull se expresaría de forma similar al escribir que «la fe es la virtud por la cual el hombre cree las verdades divinas que no puede conocer por las razones necesarias», *Proverbis de Ramón, op. cit.*, página 378.

entendía las personas que, sobre un punto dado en materia de fe, expresaban el aviso indudable y un juicio auténtico digno de creerse. Por metonimia, *auctoritas* es también el instrumento, el texto redactado por esa persona. Durán se inspirará en las Escrituras y en las sentencias y *dicta* de los doctores: los santos y los padres que han recibido de Dios, *auctor* absoluto, el don de la verdad[34].

Dos breves consideraciones finales:

En nuestro tiempo, el reconocido autor del ámbito político y cultural soviético Arón Gurévich ha resumido la cuestión que aquí nos afecta con una contundente afirmación: en las disputas entre católicos y cátaros, lo que a los primeros les interesaba era la ortodoxia de la fe no el conocimiento[35].

Y en relación con ese prestigio que se reconocía a las autoridades, podríamos añadir también otra consideración. Los cronistas/historiadores del Medievo no procedían de forma muy distinta de la de los teólogos cuando consideraban que la compilación era la forma más perfecta de ejercer su profesión[36].

---

[34] Ch. Thouzellier, *Catharisme et valdéisme..., op. cit.*, pág. 475.

[35] A. Gurévich, «Heresy and literacy: evidence of the thirteenth exempla», art. cit., pág. 110.

[36] Cfr. G. Martin, «Cinq opérations fondamentales de la compilation: l'exemple de l'Histoire d'Espagne (étude segmentaire)», art. cit., págs. 99-110.

Cuarta parte

El tortuoso caminar de una era en Europa

Capítulo 19

El Occidente: ¿una vida religiosa entre el diálogo y el anatema?

La Edad Media no es solamente la del desprecio del mundo, sino también —a su modo y manera— la de la alegría de vivir[1]. Y moviéndonos en el terreno de la vida intelectual, ¿se podría hablar de una época de coerciones y de rupturas, pero también de periodos de debates más o menos abiertos?

Algunos modelos para tales debates

Estos se dieron —ya algo hemos adelantado— entre paganos y cristianos. De gran interés serán los que se produzcan en el decisivo siglo IV y que fueron objeto en su día de un interesante estudio de Arnaldo Momigliano[2]. Los cristianos contarían con el beneficio que para ellos supuso el giro constantiniano de principios del siglo[3]. Y los

---

[1] Sobre esta cuestión publicamos en fecha cercana un pequeño ensayo: E. Mitre, *Desprecio del mundo y alegría de vivir en la Edad Media*, Madrid, 2017.

[2] A. Momigliano *et al.*, *El conflicto entre el paganismo y el cristianismo en el siglo IV*, Madrid, 1989.

[3] Dos recientes obras sobre la figura de este emperador en P. Veyne, *El sueño de Constantino..., op. cit.*, y S. Castellanos, *Constantino. Crear un emperador*, Madrid, 2010.

paganos (y los cristianos disidentes —arrianos en especial y en sus diversas manifestaciones—, habría que añadir) acabarían sufriendo un golpe mortal a cargo de la política ultraortodoxa de Teodosio a finales del mismo siglo[4]. (Quedaba pendiente, sin embargo, la conversión de los pueblos bárbaros que se fueron asentando en el solar imperial del Occidente: algunos, como los francos, en origen simplemente paganos; otros. como los visigodos, convertidos del paganismo al arrianismo)[5].

Debates —con diversos grados de sinceridad— hubo entre los seguidores de las tres confesiones de tronco abrahámico: judíos, musulmanes y cristianos.

Como bien es sabido, las relaciones entre judíos y cristianos conocieron a lo largo de la Edad Media un notable enriquecimiento del venenoso caudal del antijudaísmo[6]. Pero no faltaron tampoco intentos de diálogo que, desde el lado cristiano, se plantearon en buena medida como sesiones de adoctrinamiento. Se dieron hasta fecha muy avanzada, como lo fue la importante conferencia de Tortosa de 1414 (trece años después del terrible pogromo de 1391[7] que afectó a buena parte de la península). Los representantes cristianos expondrían sus resultados como una victoria intelectual propia, dada la defección hacia su campo de importantes valedores de la fe mosaica[8].

---

[4] Para las líneas maestras de la política de este emperador, véanse P. Maraval, *Théodose le Grand. Le pouvoir et la foi*, París, 2009, y G. Bravo, *Teodosio. Último emperador de Roma, primer emperador católico,* Madrid, 2020.

[5] Para el tratamiento de este tema, fue de capital importancia la XIV Settimana de estudios altomedievales de Spoleto bajo el tema *La conversione al cristianesimo nell'Europa de l'Alto Medievo,* Spoleto, 1966-1967.

[6] Un clásico sobre la materia lo constituye L. Poliakov, *Historia del antisemitismo,* 4 vols., Barcelona, 1980-1986. Para el mundo hispánico, son de interés los trabajos de J. M. Monsalvo, a partir de su *Teoría y evolución de un conflicto social. El antisemitismo en la Corona de Castilla en la Baja Edad Media,* Madrid, 1985.

[7] Sobre este trágico episodio, E. Mitre, *Los judíos de Castilla en tiempo de Enrique III: el pogrom de 1391,* Valladolid, 1994.

[8] A. Pacios, *La disputa de Tortosa I. Estudio histórico-crítico y doctrinal. II Actas,* Madrid/Barcelona, 1957. Un buen resumen, en L. Suárez, *Judíos españoles en la Edad Media,* Madrid, 1980, págs. 226-232.

Acercamientos intelectuales a las otras religiones monoteístas —más allá del puro afán proselitista o de las agresivas descalificaciones— no faltaron entre autores cristianos que, sin renegar de la superioridad de sus principios, reconocieron lo que de positivo pudiera haber en el pensamiento del «otro». Valgámonos de unos pocos ejemplos.

En el siglo XII, Pedro Abelardo, como ya hemos adelantado en capítulo anterior, redactó una obra en forma de diálogo entre un pensador cristiano, un judío y un filósofo que bien pudiera ser un pagano (o que cabría identificarlo, según Jolivet, con un musulmán). El objetivo sería conciliar en la filosofía las diferencias que pudieran existir entre los hombres: «buscar la verdad mediante el razonamiento y seguir en todas las cuestiones no la opinión de los hombres, sino la guía de la razón»[9]. La tentativa se repetirá en otros destacados autores como Ramón Llull, cuyo ideal de predicación entre los infieles convive con su amparo del espíritu caballeresco para que «fuerza de armas venzan y sometan a los infieles, que cada día se afanan en la destrucción de la Santa Iglesia»[10]. O, en el ocaso del Medievo, en el cardenal Nicolás de Cusa con su invocación a «una sola religión en la diversidad de los ritos»[11] (aunque tal actitud se viera condicionada por el pánico que había causado el demoledor avance de los turcos en Oriente y la consiguiente caída de Constantinopla).

Significativo será, por último, el caso de Pico de la Mirandola como defensor, a finales del siglo XV, del origen oriental de la filosofía griega, ya que «toda la sabiduría derivó a los griegos de los bárbaros y de los griegos a nosotros»[12].

Por lo que respecta a la cultura popular, se ha destacado el arraigo de una leyenda cuya difusión (si no su invención) se atribuye a Judah ha-Levi en el siglo XI. Es el cuento de los tres anillos —uno auténtico y dos copias— que un rey dio a sus tres hijos y que resultaban indis-

---

[9] Pedro Abelardo, *Diálogo entre un filósofo, un judío y un cristiano, op. cit.*, pág. 83.

[10] Cfr. Ramón Llull, *Libro de la orden de caballería, op. cit.*, pág. 30.

[11] Nicolás de Cusa, *La paz en la fe. Carta a Juan de Segovia,* ed. de V. Sanz Santacruz, Madrid, 1999, pág. 7.

[12] Pico de la Mirandola, *De la dignidad del hombre, op. cit.*, pág. 128.

tinguibles. Constituían metáforas de las tres grandes religiones monoteístas y de sus seguidores, cuyas diferencias quedaban relativizadas[13].

El mundo académico medieval dio sobradas ocasiones para el debate[14]. La disputa *(disputatio)* como parte del método de trabajo de las universidades, con sus *cuestiones disputatae* y *quaestiones de quolibet,* dará amplio margen a la controversia, especialmente en el campo de la teología[15]... aunque con las conocidas y abruptas conclusiones censorias a las que ya nos hemos remitido en pasajes anteriores. Debates se suscitarán también entre los llamados «representativistas» y «autoritaristas», lo que engarzaría con las disputas de papalistas frente a conciliaristas en el ámbito religioso... y, en el plano estrictamente político, de demócratas frente a monarquistas[16].

* * *

Por supuesto, los debates se dieron entre ortodoxos/católicos —según las expresiones más comunes— y heréticos/disidentes, por usar también términos muy extendidos... aunque la victoria (si bien con el uso añadido de otros medios) acabase correspondiendo a los primeros.

Famosas serían las confrontaciones que en la plenitud del Medievo protagonizaron católicos y cátaros en el mediodía de Francia,

---

[13] Recogida en L. Suárez, *Judíos españoles en la Edad Media, op. cit.,* págs. 19-20. A mediados del siglo XIV, G. Boccaccio recogería esta tradición en su obra más popular, el *Decamerón,* jornada primera, narración cuarta, ed. de Juan G. de Luaces, Barcelona, 1973, en donde se remite a un supuesto relato de un judío a Saladino, págs. 46-48.

[14] Cfr. lo expuesto con anterioridad a propósito de las condenas del llamado «averroísmo latino». Véase también A. de Libera, *La querelle des universaux de Platon à la fin du Moyen Âge,* París, 1996.

[15] P. Glorieux, «L'Enseignement au Moyen Âge. Techniques et méthodes en usage à la faculté de théologie de Paris au XIII siècle», *Archives d'histoire doctrinale et littéraire du Moyen Âge,* 35, 1968, págs. 65-186.

[16] Con referencia a este último punto y al mundo castellano medieval, véase el documentado artículo de A. Rucquoi, «Democracia o monarquía: el discurso político en la universidad castellana (siglo XV)», recogido en *Rex, Sapientia, Nobilitas, op. cit.,* págs. 175-209.

que pasaron por tres momentos. El primero corresponderá a los coloquios entre representantes de los dos bandos, de 1165 a 1208. Famosos serían especialmente[17] los de Pamiers y Fanjeaux, en 1207, en los que los católicos se declararon vencedores, aunque sin convencer con ello a sus oponentes.

A esta fase de coloquio le sucedería la utilización por Roma de la vía militar: la cruzada contra los herejes planteada como un *negotium pacis et fidei*. Un expediente hasta entonces usado contra musulmanes y circunstancialmente contra paganos o cismáticos se utilizaría ahora contra heréticos[18], con efectos en el mundo de la política que jugarían a favor de los monarcas de la dinastía Capeto.

La forma coactiva en la que acaban liquidándose las diferencias religiosas en el Occidente se asocia a lo que un autor británico ha definido como el triunfo de una sociedad represora; sociedad que convierte en sospechosos por principio a grupos tan variopintos como judíos, herejes, homosexuales o leprosos. Este proceso se institucionalizaría en los siglos de plenitud medieval[19] con dos instrumentos: la lucha armada[20] y la judicialización de la disidencia. Esta se materializará a través de una institución —la Inquisición— que, tras un largo proceso que hinca sus raíces en la tradición patrística y bajoimperial[21], adquirirá perfiles decisivos con la bula *Ille Humani Generis* del papa Gregorio IX en 1232[22].

---

[17] Sobre esta etapa de debates, un resumen en E. Mitre y C. Granda, *Las grandes herejías de la Europa cristiana,* Madrid, 1999, págs. 132-134.

[18] De la abundante bibliografía sobre este apasionante tema, remitimos a dos títulos: el ya antiguo pero básico VV.AA., *Paix de Dieu et guerre sainte en Languedoc au XIII siècle, op. cit.,* y el más actual M. Alvira, *Muret 1213. La batalla decisiva de la cruzada contra los cátaros,* Barcelona, 2008.

[19] R. I. Moore, *La formación de una sociedad represora. Poder y disidencia en la Europa occidental, 950-1250,* Barcelona, 1989.

[20] El propio R. I. Moore analizó con posterioridad este método en *La guerra contra la herejía. Fe y poder en la Europa medieval,* Barcelona, 2014.

[21] Muy provechosa sigue siendo la lectura de la vieja obra de H. Maisonneuve *Études sur les origines de l'Inquisition,* París, 1942.

[22] Véase la precisa síntesis de J. Sánchez Herrero, «Los orígenes de la inquisición medieval», *Clio & Crimen,* núm. 2, 2005, págs. 17-52. Para las semblanzas de

Y más allá del diálogo, el debate y el anatema: la figura de Marsilio de Padua, todo un innovador de la ciencia política

Nacido entre 1275 y 1280 en el seno de una familia de notarios, recibió su primera formación del averroísta Pedro de Abano. Se vincula al campo gibelino pese a la tradición güelfa de su ciudad natal. Profesor de Filosofía Natural y rector de la Universidad de Padua, obtendría en visita a Aviñón del papa Juan XXII un canonicato en la iglesia de su ciudad. Su obra maestra, el *Defensor pacis,* se acabaría de escribir en París en junio de 1324[23].

Estamos ante una obra auténticamente revolucionaria que desborda con mucho lo que fueron las prudentes consideraciones políticas de Dante. Para Marsilio, la sociedad es por completo laica, ya que el príncipe nombra a clérigos y obispos y controla la vida religiosa. La autoridad para definir los pasajes dudosos de las Escrituras corresponde al «concilio general de los cristianos, o de la parte prevalente de los mismos»[24]. La sociedad, a juicio de Marsilio, es por completo laica, y el clero está sometido a las leyes civiles, y los bienes de la Iglesia a impuestos. El único gobierno de la sociedad es el temporal, que se ejerce para su bienestar temporal. «La originalidad de Marsilio reside en la manera positiva y empírica que tiene de analizar el poder»[25]. Entramos, sin duda, en otra época en la historia del pensamiento europeo de la que nuestro autor fue un insigne iniciador.

---

algunos inquisidores medievales, véase L. Albaret (dir.), *Les Inquisiteurs. Portraits de défenseurs de la foi en Languedoc (XIII-XIV siècles),* Toulouse, 2001.

[23] Véase el excelente «Estudio preliminar» de L. Martínez Gómez a su edición de Marsilio de Padua *El defensor de la paz, op. cit.,* págs. XVIII-XIX.

[24] *Ibíd.,* págs. 352 y ss.

[25] J. Paul, *Historia intelectual del Occidente medieval, op. cit.,* pág. 49.

Capítulo 20

A título de recapitulación: momentos clave para el desencuentro

Los jalones más señalados —sobre alguno hemos hecho ya las pertinentes observaciones— bien pudieran ser los siguientes:

— Concilio de Nicea I-Concilio de Constantinopla I (325-381): fijación del dogma trinitario. La Iglesia se embarca en la solemne proclamación de verdades de fe.
— La ejecución de Prisciliano (385), considerado la primera víctima del brazo secular al servicio de intereses eclesiásticos.
— Cisma de Oriente de 1054. (El último intento de reconciliación se dará en el Concilio de Florencia de 1439).
— Predicación de la cruzada anticátara (1208) por el papa Inocencio III: tras los intentos de diálogo para extirpar la disidencia, se opta por la vía militar como *negotium fidei et pacis*. La lucha contra la herejía se militariza.
— Bula *Ille Humani Generis* (1232), de Gregorio IX, que supone un paso decisivo en la judicialización de la lucha contra la herejía al dejar el aparato inquisitorial en manos de los dominicos. (La unidad del edificio doctrinal-intelectual se

mantuvo, aunque merced a la creación desde el siglo XII de una «sociedad represora»)[1].

— La condena de doscientas diecinueve tesis por parte del obispo de París Esteban Tempier (1277) inducido por el papa Juan XXI. Curiosamente, no se indica la fuente de las proposiciones que se condenan, salvo en un llamativo caso: el *De amore* de André le Chapelain, en donde la licencia amorosa es presentada como llave para todos los peligros: necromancia, sortilegios, invocación a los demonios y otros conjuros[2].

— Condena del conciliarismo en su vertiente más avanzada por parte de su antiguo defensor el humanista Eneas Silvio Piccolomini, convertido en papa Pío II (1458-1464).

Por encima de todo, y moviéndonos tanto en términos teológicos (intelectuales) como político-sociales, habría que poner de relieve dos grandes rupturas.

La que se produjo entre un Oriente ortodoxo (en términos de expresión común) y un Occidente católico (en términos similares) que, tras diversas alternativas según hemos anticipado[3], puede darse como irreversible desde 1054 con el choque entre el patriarca Miguel Cerulario y el legado papal Humberto de Moyenmoutier. Una ruptura, se ha pensado, comparable a otra de siglos más tarde (1517) entre el mediodía papalista y el norte de Europa rupturista[4]. Una ruptura —la luterana como la versión más destacada— que dinami-

---

[1] R. I. Moore, *La formación de una sociedad represora..., op. cit.* Insistiendo en este tema, y del mismo autor y en fecha más reciente, *La guerra contra la herejía..., op. cit.*

[2] Destacado por A. Libera, *La querelle des universaux de Platon à la fin du Moyen Âge, op. cit.*, págs. 121-122. Una excelente edición comentada de este particular *Syllabus avant la lettre,* en F. León Florido, *1277. La condena de la filosofía, op. cit.*

[3] Buenas guías las siguen constituyendo clásicas obras como las de S. Runciman, *The Eastern Schism,* Oxford, 1955, y F. Dvornik, *Bizancio y el primado romano,* Bilbao, 1968.

[4] D. Obolensky, «Roma y Constantinopla», en *Nueva Historia de la Iglesia*, t. II, Madrid, 1977, pág. 122.

zó un proceso de transformación eclesiástica. Sus hilos conductores, se ha insistido, se encontraron en la tradición medieval: en los espirituales franciscanos o en las corrientes del wyclifismo o el husismo[5].

Y a propósito también de la ruptura luterana y su éxito en la Europa septentrional, K. O. von Aretin toma como metáfora la construcción de la basílica de San Pedro. Se inicia a principios del siglo XVI (1506), cuando el papado estaba convencido de haber derrotado a las corrientes conciliaristas radicales que cuestionaban su poder omnímodo. Y se concluye en 1590 (o, mejor, ¿en 1612 bajo Paulo V?), cuando los papas solo controlaban de forma efectiva las dos penínsulas mediterráneas... y Francia, Polonia y Alemania estaban aún en el alero[6].

---

[5] T. Kaufmann, *Martín Lutero. Vida, mundo, palabra, op. cit.*, pág. 46.
[6] K. O. von Aretin, *El papado y el mundo moderno,* Madrid, 1970, pág. 12.

Bibliografía

ALBARET, L. (dir.), *Les Inquisiteurs. Portraits de défenseurs de la foi en Languedoc (XIII-XIV siècles),* París, Privat, 2001.

ALVIRA, M., *Muret 1213. La batalla decisiva de la cruzada contra los cátaros,* Barcelona, Ariel, 2008.

ARRANZ, A., «De los goliardos a los clérigos falsos», *Espacio, Tiempo y Forma,* 2012, págs. 43-84.

AURELL, M., *Diez ideas falsas sobre la Edad Media,* Madrid, Taurus, 2024.

BLACK, A., *El pensamiento político en Europa. 1250-1450,* Cambridge, Cambridge University Press, 1996.

BRENON, A., *Les archipels cathares. Dissidence chrétienne dans l'Europe médiévale,* Cahors, Dire Éditions, 2000.

CHADWICK, H., *Prisciliano de Ávila,* Madrid, Espasa Calpe, 1978.

DUBY, G., *Le trois ordres ou l'imaginaire du féodalisme,* París, Gallimard, 1978.

GARCÍA DE CORTÁZAR, J. A., *La Iglesia en el reino de Castilla en la Edad Media,* Madrid, Marcial Pons, 2021.

GÉNICOT, L., *El espíritu de la Edad Media,* Barcelona, Noguer, 1990.

JEAUNEAU, E., *La filosofía medieval,* Buenos Aires, Editorial Universitaria de Buenos Aires, 1965.

JIMÉNEZ-SÁNCHEZ, P., *Les catharismes. Modèles dissidents du christianisme médiévale (XII-XIII siècles),* Rennes, Presses Universitaires de Rennes, 2008.

KENNY, A. (ed.), *Wyclif in his times,* Oxford, Clarendon Press, 1986.

LADERO, M. A., *La formación medieval de España,* Madrid, Alianza Editorial, 2003.

Le Goff, J., *Los intelectuales en la Edad Media,* Barcelona, Gedisa, 1986.
León Florido, F., *1277. La condena de la filosofía. Edición del Syllabus del obispo Tempier en la Universidad de París,* Madrid, Escolar y Mayo Editores, 2018.
Libera, A. de, *La philosophie médiévale,* París, PUF, 1989.
Macek, J., *La revolución husita,* Madrid, Siglo Veintiuno, 1975.
Maurer, A. A., *Filosofía medieval,* Buenos Aires y Barcelona, Emecé Editores, 1967.
Mitre, E., *Iglesia, herejía y vida política en la Europa medieval,* Madrid, BAC, 2007.
— *Las herejías medievales de Oriente y Occidente* (2.ª ed. corregida y ampliada), Madrid, Arco Libros, 2022.
— *Pecados y pecadores de la Edad Media. Ortodoxos frente a disidentes,* Madrid, Cátedra, 2023.
Mitre, E., y Granda, C., *Las grandes herejías de la Europa cristiana* (2.ª ed. corregida y ampliada), Madrid, Istmo, 1999.
Moore, R. I., *La guerra contra la herejía. Fe y poder en la Europa medieval,* Barcelona, Crítica, 2014.
Paul, P., *Historia intelectual del Occidente Medieval,* Madrid, Cátedra, 2003.
Rábade, S., *Los renacimientos de la filosofía medieval,* Madrid, Arco Libros, 1997.
Runciman, S., *Le manichéisme médiéval,* París, Payot, 1972.
Testas, G., y Testas, J., *La Inquisición,* Barcelona, Oikos-Tau, 1970.
Vauchez, A., *Les hérétiques au Moyen Âge. Suppôts de Satan ou chrétiens dissidents?,* París, CNRS Éditions, 2014.
VV.AA., *Hérésies et sociétés dans l'Europe pré-industrielle, 11-18 siècles* (présentées por J. Le Goff), París, Mouton, 1968.
Zerner, M. (dir.), *Inventer l'hérésie? Discours polémiques et pouvoirs avant l'inquisition,* Niza, Centre d'Études Médiévales, 1998.

Índice